『論語の学校』時習編

(対訳付き)

江藤茂博(編)／牧角悦子／町泉寿郎
英訳：秋葉利治／Peng, Pamela Hsiaowen

研文社

カバーデザイン：上松弘樹
本文イラスト：かまや・泉

はじめに

江藤茂博

　すぐれた古典とは、いつも新しく読まれ、そして読み重ねられることで、さらに新たな意味を放つ書物のことである。幾多の時代を経ながらも、しかしそこに埋もれてしまうこともなく、どんな時代であっても輝きのある言葉や章句として読まれてきた書物、そして、また現代でも新しく読まれようとしている書物が、私たちの前にある古典なのだ。すでに『論語』は、「温故知新」という表現で、古典から新しい知が得られるということを述べていた。そしてその『論語』もまた、現代の読者が読むことで、そこに新たな意味が重ねられて、再び輝きと重さを持つ新しい知となる。『論語』にある500の章句と出会って、なるほどねと思う人がいるかもしれないし、あるいは、心が少し軽くなる人がいるかもしれない。また人知れずささやかな勇気が生まれることもあるかもしれない。いずれにしても、それは言葉の力である。そうだとすれば、それは『論語』がまさに古典だということだ。ここでは、最良であり、かつ最小限の注釈と口語訳を付けさせてもらった。後は読者それぞれが少しだけ努力して自分にとっての古典と出会って欲しいと思う。もちろん、努力というのは勉強するということではなく、自分の経験に重ねて『論語』の章句を解釈してもらいたいということだ。そのための、注釈と口語訳であることを心掛けたつもりである。まずは、こうした古典の世界で社会や自分のことを考えてもらいたいと思う。なお、この本では、解釈に向かう補助線として、簡単なコラムや関連知識も配置した。そして、英語、中国語、フランス語での『論語』に関するエッセイも掲載した。ネットなどでの翻訳ソフトが簡単に使える時代、あえてこれらのエッセイに日本語訳は付していない。また、

注釈の一つとして英語訳を付したのは、中国語文化の『論語』は、古くから日本語文化に取り込まれてきたが、ここでは英語文化での理解もまた併記して置きたいと考えたからである。そして、異なる言語文化でのロジックがそれぞれ少しずつ姿を現すことで、世界の古典としての『論語』というものを読者に伝えることができたならば、編者としては大きな喜びである。

目　次

はじめに（江藤茂博）……………………………………………3
『論語』入門（江藤茂博）………………………………………9

Ⅰ　学問
　①子曰わく、「弟子入りては則ち孝、…………………………18
　②子曰わく、「君子は重からざれば則ち威あらず。…………20
　③子曰わく、「君子は食飽くを求むること無く、……………22
　④子曰わく、「道に志し、徳に拠り、仁に依り、……………24
　⑤子曰わく、「君子博く文を学びて、之を約す………………26
　⑥子曰わく、「故きを温ねて新しきを知らば、………………28
　⑦子曰わく、「学びて時に之を習う。…………………………30
　⑧季康子問う、「弟子孰れか学を好むと為す…………………32
　⑨子武城に之きて、絃歌の声を聞く。…………………………34
　⑩子曰わく、「由や、女六言の六蔽を聞けるか………………36
　⑪子夏曰わく、「仕えて優なれば則ち学ぶ。…………………40
　⑫曽子曰わく、「士は以て弘毅ならざるべからず。…………42
　⑬子曰わく、「学びて思わざれば則ち罔し。…………………44
英文エッセイ
　　The Catholic Invention of *The Analects*
　　　　　　　　　　　　　　（ケビィン・ドーク）……46

Ⅱ　孔子先生
　①子曰わく、「十室の邑、必ず忠信丘が如き者………………50
　②子の燕居するや、申申如たり。夭夭如たり…………………52
　③子曰わく、「疏食を飯い水を飲み、肱を曲げ………………54
　④厩焚けたり。子朝より退く。…………………………………56

⑤子曰わく、「我は生まれながらにして ……58
⑥子曰わく、「吾れ十有五にして学に志す。……60
⑦曽子曰わく、「吾れ日に三たび吾が身を省る。……62
⑧子曰わく、「朝に道を聞かば、夕べに死すとも ……64
⑨子曰わく、「三人行えば、必ず我が師有り。……66
⑩子曰わく、「人の己を知らざるを患えず、 ……68
⑪子曰わく、「蓋し知らずして之を作る者有らん。……70
⑫子四を断つ。意母く、必母く、固母く、……72
⑬子夏曰わく、「君子に三変有り。……74

中文エッセイ

  流传千古的语录—《论语》（张佩茹）……77

Ⅲ 人間関係
① 仲弓仁を問う。子曰わく、「門を出でては ……80
②子貢友を問う。子曰わく、「忠告して善を ……82
③子曰わく、「利に放りて行えば、怨み多し」……84
④子曰わく、「躬自ら厚くして、薄く人を責む ……86
⑤子曰わく、「其の身正しければ、令せざれども ……88
⑥顔淵・季路侍す。子曰わく、「盍ぞ各爾の志を ……90
⑦子游曰わく、「君に事えて数すれば、……92
⑧子張行われんことを問う。……94
⑨子貢曰わく、「如し博く民に施して、……98
⑩樊遅仁を問う。子曰わく、「居処は恭、……100
⑪子張仁を孔子に問う。……102

仏文エッセイ

  Sage ou philosophe?（マティアス・ヴィグル）……104

Ⅳ 生き方
①子曰わく、「過ちて改めざる、是を過ちと謂う」……110
②子曰わく、「巧言令色、鮮し仁」と。……112
③子曰わく、「君子は和して同ぜず。……114

④子曰わく、「人にして仁ならずんば、 …………116
⑤子曰わく、「位無きことを患えず、 …………118
⑥子曰わく、「君子は諸を己に求む。 …………120
⑦子曰わく、「人能く道を弘む。 …………122
⑧冉求曰わく、「子の道を説ばざるに非ず。 …………124
⑨子曰わく、「人の生くるや直たれ。 …………126
⑩子貢問いて曰わく、「一言にして以て終身 …………128
⑪子曰わく、「君子は坦かに蕩蕩たり。 …………130
⑫子曰わく、「歳寒くして、然る後に …………132
⑬子曰わく、「君子にして不仁なる者有らんか。 …………134
⑭子曰わく、「君子の道なる者三つ。 …………136
⑮子曰わく、「由や、女に之を知るを誨えん …………138
⑯子曰わく、「君子は義に喩り …………140
⑰子曰わく、「君子は言に訥にして、行に敏 …………142
⑱子曰わく、「之を知る者は、之を好む者に如かず。 …………144
⑲子は温かにして而も厲し。 …………146

二松學舍で学ばれていた『論語』（町　泉寿郎） …………149

コラム索引 …………157
四字熟語・漢文の基礎知識チェック索引 …………158
基礎知識チェック解答一覧 …………159
訓点付き原文 …………169
あとがき …………171
著者紹介 …………174

『論語』入門

江藤茂博

1 はじめに

『論語』は、日本人に古くから読まれてきました。中国の古典でありながら、私たち日本人にも圧倒的な知名度を誇っていると言ってもよいでしょう。近代的な学校制度の中では、国語や漢文の教科書に登場することで、多くの日本人が『論語』に接することになりましたが、それ以前から『論語』は教育に使われていました。最も早い記録としては、『古事記』（712年）にも『論語』が伝わってきたことが記されていますし、奈良時代（710年〜794年）になると、『論語』は、当時の知識人たちに広く普及していきます。

ただ、『論語』は中国でも日本でも広く読み継がれてきた書物ですが、流行作家のベストセラーではありません。そこに書かれてあることから人間や社会を学び、それらの内容についてさらに考察していくことになります。その孔子の考えや『論語』という書物を考察するというスタイルが、やがて物事を考える場合の基本形となりました。つまり、考察する場合の方法が体系化されることで学問となったのです。具体的には、『論語』がまとめられた時代から年月が経つと、そこに注を付すことで、より正確な意味を読み取り、孔子の思想そのものに近づこうと努力しました。そして、その解読や精読の方法自体が、やがて体系化されて学問の形式となっていったのです。そして、『論語』以外の古典籍にもそれと同じ方法が用いられていくことになりました。

このように、物事の正確な意味を考えて追及するということは、たとえば古代ギリシャ人のピュタゴラスが「フィロソフィスト」と

いう語で言ったことと同じかもしれません。「知を愛し、それを追求すること」が、この『論語』とそれを学ぶ人たちの間でも行われたということなのです。そして、『論語』に何が書かれてあるのか、孔子は何を言おうとしていたのか、その追求の方法は、長い間に、中国だけでなく、韓国や日本でも積み重ねられました。もちろん中国は孔子が生まれた国ですから、ここでの古典研究の方法が、周辺地域にも大きな影響を与えます。たとえば、『論語』成立後から繰り返されてきた注釈という実証研究から、12世紀には仏教の影響から生まれたとされる朱子学（宋学）という精神論的研究に推移しました。

朱子学は朱子（朱熹）が体系化した学問で、「五経」（『易経』、『書経』、『詩経』、『礼記』、『春秋』の五つの経典）の他に「四書」（『大学』『中庸』『論語』『孟子』）を重んじます。そのことで、さらにこの『論語』が重視されるようになりました。仏教思想が広く浸透した日本では、朱子学の影響を受けることになります。さらに江戸時代になると、この朱子学を林羅山が幕府の学問として認知させます。その後、いわば公的な学問となった朱子学は、諸藩の学校でも学ばれることとなりました。『論語』は一方で学問の対象となりますが、同時に社会的な価値観としても広く浸透していくことになります。江戸後期になると庶民の教育機関である寺子屋でも『論語』を素読するようになりました。

こうした中国古典を基にした研究方法論の伝播とそれによる学問形成、および庶民にまで広がった価値観に対して、日本古来のものを重視する国学も江戸時代には登場します。本居宣長がその代表的な人物でした。また、蘭学や洋学と呼ばれる西洋の学問も導入されました。しかし、幕府の庇護を受けて中心的な学問となった朱子学は、やがて形を変えながらも、哲学や文学や歴史学といった近代の学問のスタイルと結びつくことになります。

では、具体的に『論語』とはどんな書物で、どのように読まれて

きて、現在の日本文化のなかでどのように生きているのか、やや繰り返しになる部分もありますが、さらに述べていくことにします。

2 孔子と『論語』

『論語』は、孔子の教えや行動、そして彼の高弟たちとの問答を、孔子の死後に弟子たちが書き記した書物です。孔子は前551年（春秋時代）に生まれて、前479年に没したとされています。孔子の生涯については、実際ははっきりと分かっていません。司馬遷（紀元前140年前後－紀元前87年頃）の『史記』（紀元前91年頃成立）によると、姓を孔、字を仲尼といいました。魯の国（現在の山東省南部）の役人となるのですが、国の権力者と対立して、その後、後半生となる56歳からの10年余りは、魯の国を去って、諸国を歴遊することになりました。自ら仕官を求めたこともありました。また弟子たちの就職の世話もしたようです。そして、権力や策略ばかりがものをいう時代に道徳の重要性を説いて、為政者に君子としての徳治を説きましたが、結局彼自身は役人として再び用いられることはありませんでした。晩年は魯の国に戻り、弟子たちの教育に専念したということです。

この孔子の言行録である『論語』には、いくつかの伝本がありました。でも後漢（25年～220年）末期には、現在の『論語』の本の形になったようです。つまり、全20編に分けられた521の章句という形に集められたと言われています。

3 『論語』の広がり

『論語』が広く読まれた最初のきっかけは、紀元前2世紀に、前漢の武帝が儒学を王朝の統治の要として、孔子が編纂したといわれる「五経」の価値に重きをおいたことによるとされています。この「五経」とともに、『論語』もまた、知識人は皆身につけておくべき教養となったのです。次の大きなきっかけは、南宋（1127年～1279

年)に、朱子(朱熹)(1130〜1200)によって、儒学の最も重要な基本書として『論語』を「四書」の一つとして位置づけたことです。『孟子』は、性善説を主張した孟子(紀元前372年ごろ〜289年)の言説集、『大学』は、曾子(紀元前505年〜没年不詳)が作ったともいわれ、学問の意義を段階的に示した書物。『中庸』は、偏りのない、中庸の徳を説いた、作者不明の古い書物です。

漢の時代に王朝の学問となったことから考えると、すでにその頃までには孔子の思想は体系化されていて、儒学という学問が確立していました。そして、朱子が特に「四書」(『大学』『中庸』『論語』『孟子』)を重視したために、さらに『論語』は学ばれて、広く読まれることにもなったのです。

長い時を経て人々に読み続けられた『論語』には、さまざまな注釈書が書かれました。膨大な注釈書は、大きく分けて、朱子による「新注」とそれ以前の「古注」に分けられます。つまり、朱子学が登場することで、それら注釈書群は大きく分けられたことになります。具体的な書名を上げると、「古注」は魏の何晏(190年ごろ〜249年)の『論語集解』であり、「新注」は朱子の『論語集注』ということになります。「古注」と「新注」とでは、先に述べたように時代の背景だけでなく、すこし後でも触れるように『論語』に対するアプローチもまた異なっていました。

4 『論語』の構成

私たちが手にする『論語』の本文は、全20篇に分かれています。それらは各篇の最初の二文字あるいは三文字を採って篇名を以下のように称します。「学而第一」「為政第二」「八佾第三」「里仁第四」「公冶長第五」「雍也第六」「述而第七」「泰伯第八」「子罕第九」「郷党第十」「先進第十一」「顔淵第十二」「子路第十三」「憲問第十四」「衛霊公第十五」「季氏第十六」「陽貨第十七」「微子第十八」「子張第十九」「尭曰第二十」です。それら各篇の名称はその内容

と特に関係しているわけでもなく、またそれぞれの章やテーマなどが、他の章と相互に関連があるわけでもありません。テキストの形成過程や編纂には、まだわかっていないことがたくさんあります。

『論語』には、理想的な政治、理想的な生き方、そして理想的な生活について、孔子が弟子たちに語り、また弟子たちと対話したことがまとめられています。対話形式であるために、その表現のわかりやすさが『論語』の魅力となっています。そして、その具体的な孔子の言動の向こう側にある彼の思想に読者が想像をめぐらすことができるという、解読の面白さも『論語』の魅力かもしれません。つまり、会話なので、わかり合っていることはお互い省略してしまいます。その表現の空白に、後世の読者は想像力を働かせるのです。想像力は、時代を超えて意味を広げることにもなり、読者の求めに応じた解読を可能にするのです。実証的な注釈や思想的な解釈だけでなく、深読みともいえることも含めて、読みの積み重ねを『論語』は可能にしました。

5 儒学

『論語』に示された思想や倫理観を発展させて、漢代に国教として儒学は体系化されました。いわば王朝の統治の基本理念として、孔子の教えが認知されたのです。具体的には、五つの徳目である「仁・義・礼・智・信」とそれに基づく五つの人間関係である父子・君臣・夫婦・長幼・朋友を維持させることを人々に教えたのです。広く『論語』が人々に読まれることになり、その考えが知られるようになったのです。具体的な徳目と人間関係は、社会や共同体を維持する道徳律として広がってきました。『論語』を中心とした儒家の思想体系を儒教と呼ぶこともあります。儒教と言っても、それは宗教ではなく、「儒の教え」という意味です。また、経典を中心とした儒教の学を、儒学と呼びます。さらに後代になると、儒教経典に対してさまざまな解釈をする立場が登場しましたが、先に触れたよう

に、11世紀の宋代に至って、朱熹による朱子学が現れて形而上学的傾向を示すことになります。当然ながら中国の政治や文化に大きな影響を与え続けました。また同時に、朝鮮半島や日本などの漢字文化圏である周辺地域にも朱子学が伝わり、新たな東アジア儒学文化圏が形成されました。

6 徳川幕府と儒学

日本でも、朱子学の影響は大きく、特に高僧にとって教養の一つでした。中国で朱子学は仏教の深い影響を受けて成立したので、仏教の立場からも朱子学は受け入れやすかったのです。たとえば、戦国時代末期から江戸時代にかけての禅僧藤原惺窩（1561-1619）は、朱子学をさらに深めるために明へ渡ろうとしました。結局、渡明には失敗しましたが、自らの力で儒学の体系化を試みました。その門弟に林羅山（1583-1657）がいて、惺窩の紹介で徳川家康のブレーンとなり、江戸に私塾を開き、そこに孔子廟を設けました。現在の湯島にある孔子廟は、この林家の管理するものだったのですが、1790年の「寛政異学の禁」によって、朱子学が奨励されると共に林家の私塾および廟も整備されて、やがて幕府直轄の「昌平坂学問所」と成りました。朱子学が幕府の学問と公認されたのです。その結果、江戸時代を通じて各藩の藩校や私塾そして庶民教育の場である寺子屋などで、『論語』を含む「四書」と「五経」は読まれ、また学ばれるものとなったのです。

7 儒学・漢学と近代教育制度

19世紀に入ると、武士階級を支配層とする封建体制の内側からの揺らぎと、外側からの軍事力を盾に交易を求める諸外国からの圧力とで、徳川幕府は窮地に追い込まれました。そうして開国を迎えることになると、これまでの幕府が奨励していた儒学・漢学だけではなく、蘭学・英学などの最新の医学や、語学を含めた洋学の必要性

も感じるようになります。また、そのための塾が全国に開校しました。さらに、自分たちの日本人としての文化的な根拠を求めて国学も求められました。19世紀前半、いわゆる幕末期には、価値観の混乱や社会不安も重なり、人々は生き抜くための思考やスキルを求めてさまざまな塾の門をたたいたのでしょう。看板が漢学塾であったとしても、そこでは「四書」と「五経」だけでなく、数学や医学そしてそれを学ぶための語学も教えていたようです。1868年に明治維新となって、天皇制に基づく近代的な国家建設が始まりますが、その最初期には旧藩の藩校や私塾などの教育機関しかありませんでした。やがて学校制度が整っていくと、儒学は哲学研究の領域に組み込まれ、詩文は文学研究の領域に組み込まれていきます。漢文を読むということは、中等教育の国語科もしくは漢文科の領域とされました。その結果、多くの日本人にとって『論語』は、もっぱら漢文教育のために使われる教材となってしまったのです。しかし、学習教材になったことによって、知名度は現在も高く、大人になると、『論語』の章句の響きと内容がなぜか懐かしくなるようです。たぶん、きれいごとで済まされない実人生に疲れると、ふと、なにげない言葉の強い輝きにこころが癒されるからなのかもしれません。

I　学問

(古写本『論語集解』。1337年から1342年にかけて書写されたもので、日本に残る完全に揃った『論語』のうち4番目に古いとされる。)

① 子曰わく、「弟子入りては則ち孝、出でては則ち弟、謹みて信。汎く衆を愛して仁に親づき、行いて余力有らば、則ち以て文を学べ」と。(学而篇)

子曰、弟子入則孝、出則弟、謹而信。汎愛衆而親仁、行有余力、則以学文。
(→169ページ)

[口語訳] 先生がおっしゃいました、「君たち、家庭にいる時は親を大事にしなさい。社会に出たら年長者を敬いなさい。慎み深い態度で誠実に、人々に愛情をもって接し、そして人徳のある人と親しくしなさい。そのような日常の行動にこそ力を注ぎ、余裕があった時に学問をするのだよ」と。

[語句] ①子：先生に対する尊称。ここでは孔子のこと。②弟子：年下の者。若者。③孝：親を大切にする気持ち。④弟：目上の者を敬う気持ち。⑤信：信頼。言葉に嘘がないこと。⑥仁：他人に対する思いやりの心。ここでは人徳者。⑦文：詩・書・礼・楽などの教養と『詩経』『書経』などの古典。

【解説】孔子先生は、学問に取り組む以前にまず大切なものは、人としての誠実さだという。家族や他人への礼儀や愛情、そして社会での誠実さがあれば、特に学問の必要などないのだ、とまでいうのだ。たとえば、学校の勉強がよくできる秀才でも、一般的な常識が欠如していて、思いやりや優しさのかけらもない人がいる。他人を傷つけるばかりか、事件を起こす者までいる。誰もがきっと心のなかで勉強以前のことを学びなさいと思うだろう。だからこそ、学問を志そうとしている秀才たちにあえて先生は、勉強以前の、人とし

て大切なものがあることを説いているのだ。また、現在ならば「文」は文学を連想させるかもしれないけど、この時代は学問全体、人間の知性そのもののことを意味する。まだ学問が細かく分類されていない時代である。だからこそ、学問に関わるには人としての誠実さが求められているのだ。(江藤)

Confucius said, "While you are in your parents' home, you should respect your parents and treat them with a lot of care. When you become independent, you should listen to people older than you. You should behave honestly and modestly. You should love others equally without discrimination and you should try to make good friends with virtuous people. If after putting all these principles into practice, and you can still afford to do more, then it is time for you to start learning."

［構文・文法］①should：望ましさや助言を表す。「～した方がいい、ぜひ～しなさい」という意味を加える助動詞。shall の過去形であるが、過去を表す意味はない。②It's time for～to …：～が…する頃だ。(= It's time that you started learning.)

［語句］①respect：敬う。②treat A with …：A を…で接する。…で対応する。…で待遇する。③become independent：自立する。④listen to …：…の言葉に耳を傾ける。⑤honestly：正直に。⑥modestly：控えめに。⑦discrimination：差別。⑧make good friends with …：…と仲良くなる。(friends と複数になることに注意！) ⑨virtuous：人徳のある。⑩put all these principles into practice：原理，原則を実践する。

② 子曰わく、「君子は重からざれば則ち威あらず。学べば則ち固ならず。忠信を主とし、己に如かざる者を友とすること無かれ。過てば則ち改むるに憚ること勿かれ」と。(学而篇)

子曰、君子不重則不威。学則不固。主忠信、無友不如己者。過則勿憚改。　　　　　　　　　　　　(→169ページ)

[口語訳] 先生がおっしゃいました、「立派な人格者たる者は重々しくなければなりません。しかし重々しくても、きちんと学問をしていれば、頑固にならずにすみます。誠実さと信頼とを第一として、自分より劣る人たちを友人としないようにしなさい。もしも自分の間違いに気づいたときは、躊躇なく改めなさい」と。

[語句] ①君子：成熟した大人のこと。立派な人格者という意味の場合もあり、指導的地位にある者という意味の場合もある。②重：重々しい態度をとること。③威：威厳がある。④固：頑固である。⑤忠信：まごころと信頼。⑥己に如かざる：自分に及ばない。自分より劣る。⑦過つ：間違いをする。⑧憚る：躊躇する。

【解説】君子と呼ばれるには、中身がなければだめだというのは、まあ当然だろう。その中身を手に入れるためには大切なことを学ぶだけでなく、友達も選べという。これもまた「朱に交われば赤くなる」ということだ。でも、自分の誤りに気がついたならば、すぐに改めなさいという。このことが、私は一番難しいと思う。君子と呼ばれ、それ相当の教養があり、すぐれた友達に囲まれた人物が、「しまった、間違えた」と自説や自らの行いを慌てることなく堂々と修正するのだ。実は、「改むるに憚ること勿かれ」を読んで、初

めて君子というありかたのすごさと難しさを知ることになる。そんなレトリックを使っているのだ。孔子先生、恐るべし。(江藤)

Confucius said, "A gentleman behaves with dignity, so people respect him. He learns proper manners so that he can avoid being stubborn. He attaches importance to kindness and honesty. He avoids making friends with people whose character is not as good as his. He corrects his mistakes as soon as he notices them."

［構文］①so that he can …：（結果や目的を表す表現）その結果…できる。…できるように。②avoid ～ing：avoid（避ける）に続く動詞は動名詞になる。

［語句］①a gentleman：君子。徳のある人。②dignity：威厳。気品。堂々としていること。③stubborn：頑固な。強情な。④learn proper manners：礼儀作法や教養を身につける。⑤attach importance to kindness：親切であることを重要視する。⑥character：性格。性質。⑦correct：改める。正しく修正する。

③ 子曰わく、「君子は食飽くを求むること無く、居安きを求むること無し。事に敏にして言に慎む。有道に就きて正す。学を好むと謂うべきのみ」と。(学而篇)

子曰、君子食無求飽、居無求安。敏於事慎於言。就有道而正焉。可謂好学也已。　　　　　　　　(→169ページ)

[口語訳]先生がおっしゃいました、「立派な大人というものは、美味しいものをお腹いっぱい食べることを求めないし、居心地の良い住まいを求めようとも思わないのです。行動において俊敏に、しかし言葉を述べる時は慎重に、そして道を体得した人に付き従って自分の間違いを正そうとする人がいれば、その人は学問を好む者だと言ってよいでしょう」と。

[語句]①食飽く:お腹いっぱい食べること。②居安き:住まいが心地よいこと。③敏:素早いこと。④有道:学問をして道を体得した人。⑤就く:付き従う。

【解説】孔子先生もそうであったのだろうか、君子はハングリーでなくてはならないという。「事に敏に」などは、なんだかリングの上のボクサーの機敏な動きと重ねてしまう。確かに、古来より日本の求道たちは、あえて自らをハングリーな状況に置こうとしていたようである。永遠に満たされることなどないと思わなければ、こうした学問という真理を追究する道とは縁がないのだ。たとえハングリーだとしても、具体的な目的が見えている受験勉強などと「学を好む」こととは、実は次元が違うのである。そしてもう一つ、「言に慎む」ことと「有道に就いて正す」ことを付け加える。ハングリー

でがむしゃらに進むだけではいけないという。「学を好む」とは、学問の深遠を知ることであり、知への謙虚さと先人への敬意を失わないということなのだ。(江藤)

Confucius said, "A gentleman would not desire to eat too much or to live in a magnificent house. If he would like to aspire to higher learning, he must deal with his problems as soon as possible. He would act with speed and think carefully when he speaks. He would follow those who are virtuous, and correct his imprudent behavior when necessary. Only when one reaches this stage can he be said to be interested in learning."

[構文・文法] ①A gentleman would not eat…：(仮定法過去。主語に仮定条件が含まれる) 君子だったら…はしないだろう。〈例文〉A teacher would not say such a thing.(先生だったらそんなことは言わないでしょう) ②Only when one reach this stage can he be said to be…：(強調のための倒置構文) 副詞句が前に出るとその後、動詞+主語の形となる。

[語句] ①desire to…：…したいと思う。②magnificent：壮大な。立派な。③aspire to：…することを熱望する。④deal with…：…を処理する。⑤act with speed：敏捷に行動する。⑥follow：(助言や指示に) 従う。⑦correct：修正する。⑧imprudent：軽率な。厚かましい。⑨when necessary：必要な時には。

④ 子曰わく、「道に志し、徳に拠り、仁に依り、芸に游ぶ」と。(述而篇)

子曰、志於道、拠於徳、依於仁、游於芸。　　　(→169ページ)

　[口語訳] 先生がおっしゃいました、「聖人の道に志し、徳を拠りどころとし、仁を心の支えとし、そして学問を楽しむのだ」と。
　[語句] ①芸：礼・楽・射・御・書・数という技能。②游：自由な気持ちで楽しむ。

【解説】ここには、孔子先生が理想とする生き方がまとめられている。『論語』の価値世界でもある。まずは、その広がりに驚かされる。人徳を持つ人に対する思いやりがあることが前提だとしても、この先生の言葉は「志於道」(聖人の道を志すこと)で始まり「游於芸」(学芸を楽しむこと)で締めくくられている。聖人の道を志すことから出発しなければならないのなら、それは永遠に続くかもしれない。決して楽な「道」ではないはずだ。そうであっても、学芸の世界を楽しむ心もまた持っていなければならないのだ。日々あくせくしている私たちへ、基本的なことをきちんと守っている限り人は生活もまた楽しめるものだよと、笑いながら先生から語りかけられているようだ。(江藤)

Confucius said, "I have decided to aspire to the way of humanity, and have lived according to the virtues I have gained. I'm enjoying learning based on benevolence."

[語句] ①the way of humanity：人として生きる道。②according to …：…に従って。…に基づいて。③benevolence：仁。

◆漱石『吾輩は猫である』で使われた「忠恕」

　漱石『吾輩は猫である』(1905～07) の「八」に、猫が「これから落雲館の生徒が如何に主人にからかつたか、是に対して主人が如何に野暮を極めたかを逐一かいて御覧にいれる」という箇所がある。そして「小事件」という出来事の紹介に次いで、その後の「大事件」の始まりの場面となる。「主人」の苦沙弥先生が敵対する「落雲館」の生徒たちの「将軍」でもある教師が「倫理の講義」に、「公徳と申すと何か新しく外国から輸入して来た様に考える諸君もあるかも知れんが、そう思うのは大なる誤りで、昔人も夫子の道一以て之を貫く、忠恕のみ矣と云われた事がある。此の恕と申すのがとりもなおさず公徳の出所である」と説明しているのが、教室から自宅にいる苦沙弥に聞こえ届いた。もちろんこの「夫子の道は忠恕のみ」とは『論語』(里仁篇) の紹介である。ここからが「大事件」なのだが、苦沙弥先生の様子は「夫子の道」には程遠い。(江藤)

⑤ 子曰わく、「君子博く文を学びて、之を約するに礼を以てせば、亦以て畔かざるべきか」と。(顔淵篇)

子曰、君子博学於文、約之以礼、亦可以弗畔矣夫。
(→169ページ)

[口語訳] 先生がおっしゃいました、「立派な大人というものは、広く学問をするだけでなく、それを礼という規範で集約する。そうすれば、大きな間違いを起こさずにすむものだ」と。

[語句] ①文：詩・書・礼・楽などの教養と『詩経』『書経』などの古典。②約す：集約する。③畔く：道を踏み外す。

【解説】ここでいう「文」とは、広く学問のことであり、文学という意味ではない。この学問を勉強することに置き換えてみよう。孔子先生は、勉強さえすればいいのだ、などという安易な気持ちに釘をさしていたのだ。まずは君子であること、その人となりが問題なのだと。もちろん私たちは、人の仕事にはその人柄が反映することを知っているし、広く学ぶことで人は成長するものだとも思っている。しかし、「礼」に則りなさいという。すぐれた学問を身につけても、やや窮屈だが、社会的なルールの中で、それを社会のために活かさなければならないというのだ。堅苦しく受けとめる必要はない。確かに、大きな間違いや勘違いは、自分勝手な思い込み、近視眼的な思考から生まれるものだ。そうだとすれば、何か自分が勉強していることや成し遂げようとしていることを、それが現代社会の中でどのような意味を持つのか、考えてみることも必要なのである。(江藤)

Confucius said, "A gentleman not only studies profoundly but also integrates what he has studied with proper manners. In this way, he will not stray from humanity or make big mistakes."

[構文・文法] not only 〜 but also …：〜だけでなく…も（する）。

[語句] ①profoundly：深く。おおいに。②integrate：まとめる。集約する。③with proper manners：礼儀をもって。④stray from …：…から外れる。横道にそれる。⑤humanity：人間性。⑥make big mistakes：大きな過ちを犯す。

■四字熟語の基礎知識チェック①
　次の空欄に適当な漢字を補い四字熟語を完成させよ。また、その意味として最も適当なものを選べ。
　明鏡止□　（荘子）
　　①鏡の明るさは自然界も動きをとめること。
　　②すべてを虚心に受け入れる境地のこと。
　　③きれいな水に似た心には鏡の明るさがあること。
　　④明白な事実は水の流れも止める真実があること。

答え→159ページ

⑥ 子曰わく、「故きを温ねて新しきを知らば、以て師と為るべし」と。(為政篇)

子曰、温故而知新、可以為師矣。　　　　　(→169ページ)

[口語訳] 先生がおっしゃいました、「古い事柄を大事にしつつ、新しいことにも心を開くことのできる人は、人の師となれる」と。

[語句] ①故：過去の事例。ここでは古典のこと。②温：「たずねる」「あたためる」という二つの訓み方がある。

【解説】「温故知新」は広く知られた言葉である。孔子先生の時代であっても、古典から学ぶことは多かったのだろうか。古典の大切さは『論語』で繰り返されていた。長い時代の中で繰り返し読み続けられた古典は、そこからいつも新たな知見を手に入れることができる。そうであるからこそ、古典として読み続けられてきたのである。確かに、年を重ねるにつれて、新しいことに心を開くことは難しくなる。しかし、この言葉に出会うたびに、古典とどのように向き合うべきかを自分に問うことになる。繰り返されてきた知見を再確認するだけではだめなのだ。それは安心でしかないだろうし、慢心につながることになる。私たちは古典からさらに何か新しいことを読み取らなければならないのだ。また、古典から学ぶことができる力こそが、「師」の条件となるのだ。(江藤)

Confucius said, "If you can gain new insights from studying the classics, you can be a great example to other people."

［語句］①gain：望ましいものを手に入れる。②insight：洞察力。見抜く力。③the classics：古典。④a great example to other people：他人にとって立派な模範・見本。

■四字熟語の基礎知識チェック②
　次の空欄に適当な漢字を補い四字熟語を完成させよ。また、その意味として最も適当なものを選べ。

　大器晩□　（老子）

　①大人物となるのには時間がかかるものだ。
　②大きな器を作るのは近所に迷惑がかかるので夜が適している。
　③人を大きく育てるには、夜遅くまで勉強させなくてはならない。
　④大きな器はじっくりと焼かなくてはならない。

答え→159ページ

⑦ 子曰わく、「学びて時に之を習う。亦說ばしからずや。朋有り遠方より来る。亦楽しからずや。人知らずして慍らず。亦君子ならずや」と。(学而篇)

子曰、学而時習之。不亦説乎。有朋自遠方来。不亦楽乎。人不知而不慍。不亦君子乎。　　　　　　　(→169ページ)

［口語訳］先生がおっしゃいました、「学んだことを然るべき時におさらいし身に付けることは、とても嬉しいことだよ。同じ志を持つ友人が遠くから来てくれるのは、とても楽しいことだよ。誰かが自分のことを知ってくれることがなくても不満に思わないという人は、実に立派な大人だと言えるでしょう」と。

［語句］①学ぶ：学習すること。②時に：必要な時。③習う：修得すること。④説ばしい：嬉しい。楽しい。⑤朋：同じ志を持つ人、友人。⑥人知らず：他人が自分のことを評価してくれない。

【解説】いわゆる世俗的な評価とは関係がなく、学問を続けることの喜びと、君子と呼ばれる人の生き方を、孔子先生はやさしく語る。あまりにささやかではあるが、ここに学問の喜びの境地を手に入れた先生の姿がある。『論語』といえば、この「学而篇」を最初に読むことになるのだが、「遠方」とは空間的な距離だけではない。孔子先生と私たちとの時間的な距離も含む。はるかな時空を超え、私たちはいま「朋」として孔子先生を訪ねているのだ。こうして孔子先生と向き合う同じくささやかな自分という存在にも、喜びを感じること、それが「人知らずして慍らず」である。こうして孔子先生に導かれるように君子の道を歩くことができるのだ。(江藤)

Confucius said, "It is pleasant if you can study and practice what you have learned from time to time. It is enjoyable if a friend who shares the same ambition with you comes to visit you from far away. It is gentleman-like if you don't get angry even if cannot tell who you are."

［構文・文法］①It is pleasant if …：もし…なら楽しい。②what you have learned：(whatは関係代名詞) すでに学んだもの。

［語句］①pleasant：楽しい。②practice：実践する。③from time to time：時々。④enjoyable：楽しい。愉快な。⑤share：共有する。⑥ambition：大望。⑦come to… (動詞の原形)：…するようになる。⑧gentleman-like：君子のような。⑨cannot tell who you area：あなたが誰だか分からない。
〈例文〉I can't tell Hiromi from her sister.（ヒロミと彼女の妹の区別がつかない。）

⑧ 季康子問う、「弟子孰れか学を好むと為すか」と。子対えて曰わく、「顔回なる者有り。学を好む。不幸短命にして死せり。今や則ち亡し」と。(先進篇)

季康子問、弟子孰為好学。子対曰、有顔回者。好学。不幸短命死矣。今也則亡。　　　　　　　　　(→168ページ)

[口語訳] 季康子が尋ねました、「先生の弟子の中で学問を好む者といえば誰ですか」と。先生が答えておっしゃいました、「顔回という者がおりました。学問を好みました。不幸なことに短命で死にました。今はもうおりません」と。

[語句] ①季康子：魯の国の大臣。②孰れか：誰か。③対：答える。④顔回：孔子の高弟。孔子が最も愛した学問好きの弟子。⑤亡：亡くなる。死ぬ。

【解説】孔子先生は、学問好きであった早逝の弟子顔回について、雍也篇でもう少し具体的に語っている。顔回という人間は、「怒りを遷さず、過ちを貳せず」であるという。つまり、まわりに当たり散らすことなく、過ちを繰り返すこともなかったというのだ。そして、彼のように学問一途の者はいないと先生は言うのだ。もちろん、若いからこそ、純粋に学問に向かえたのかもしれない。そう考えると、学問への純粋な志への評価というだけでなく、若さのみが生む純粋さというものへの、先生の感慨かなとも思ってしまう。確かに、年齢と無関係に、純粋だということは若いということでもあるのだろう。ただ、年を重ねた純粋さとは、少し異様でもある。若いころと同じ純粋さを持つことに意味があるのだろうか。そう考えると、孔子先生が、顔回を懐かしむ理由が想像できる。心のどこ

かで、自分は若い顔回と同じ「学を好む」ではいけないのだという問いかけを自分自身に向けていたのではないだろうか。(江藤)

Ji Kang Zi asked Confucius, "Among your disciples, who has shown the most interest in Learning?" Confucius replied, "I had one diligent student named 'Yan Hui, but to my regret, he died young. He is gone."

［構文・文法］①he die young：このyoungは補語。若くして死ぬ。②be gone：亡くなって今はもういない。(He has gone. は、出かけている。)〈例文〉Winter is gone. (冬去りぬ。)

［語句］①among (your disciples)：先生の (お弟子さん) の中で。②disciple：弟子。生徒。③reply：応答する。④diligent：勤勉な。⑤to my regret：残念なことに。(= unfortunately)

⑨ 子武城に之きて、絃歌の声を聞く。夫子莞爾として笑いて曰わく、「雞を割くに焉んぞ牛刀を用いん」と。子游対えて曰わく、「昔者偃や、諸を夫子に聞けり」と。曰わく、「君子道を学べば則ち人を愛し、小人道を学べば則ち使い易し」と。子曰わく、「二三子よ、偃の言是なり。前言は之に戯れしのみ」と。(陽貨篇)

子之武城、聞絃歌之声。夫子莞爾而笑曰、割雞焉用牛刀。子游対曰、昔者偃也、聞諸夫子。曰、君子学道則愛人、小人学道則易使也。子曰、二三子、偃之言是也。前言戯之耳。

(→168ページ)

[口語訳] 孔子先生が弟子たちと武城の町に行くと、琴の音とそれに合わせて歌う声が聞こえてきました。先生はにっこりと笑っておっしゃいました、「鶏を料理するのにどうして牛刀を使うのかな」と。すると子路が答えて言いました、「昔、私は先生から聞きました。君子が道を学べば人を大切にすることができるし、民が道を学べば彼らを使いやすくなる」と。先生はおっしゃいました、「弟子たちよ。子路の言葉が正しい。さっきの私の言葉は冗談だ」と。

[語句] ①武城：魯の国の町の名。②絃歌：琴などの弦楽器の演奏とそれに合わせた歌声。③夫子：孔子。④莞爾：にっこり笑うさま。⑤偃：子游の名前。孔門十哲の一人。⑥小人：民。人々。⑦二三子：同行した弟子たちに向かって「君たち」と呼びかけた言葉。⑧是：正しい。

【解説】孔子先生の教えに忠実な子游の言葉から、間接的に先生の治世の方策が語られていた。先生の教えの具体的な応用なので、こうした場面が使われたのかもしれない。孔子先生には具体的な政治は似合わないと思うのは私だけだろうか。この逸話、決して自分の手柄にせずに、子游の言葉は正しいのだと言いながらも、先生の君子像と小人像が鋭く読者に届いているのもまた確かである。(江藤)

Confucius and his disciples visited a city named 'Wu Cheng' one day. They heard residents singing songs to the sounds of Chinese harp. Confucius said with a smile. "You don't need a giant butcher knife when you want to dress a chicken, do you?" Then 'Zi You answered, "I once heard you say that people in higher positions would learn to love people if they cultivate themselves with good manners; contrarily, if ordinary people are cultivated with good manners, they will become easier to rule. Confucius said, "Listen to me, everybody. What Zi You said is right. I'm sorry to have said such a thing. I was just joking."

[構文・文法] ①a city named …:namedは過去分詞の形容詞用法で、…と呼ばれる町。②hear～singing songs：～歌うのを耳にする。③You don't need a knife, do you?：(付加疑問文) ～だよね。④I'm sorry to have said …：…と言ってしまったことを申し訳なく思う。過去の行動について謝罪をしている。

[語句] ①resident：住民。②to the sounds of …：…の音に合わせて。③Chinese harp：中国の古い琴。④a butcher knife：肉をさばく包丁。⑤dress a chicken：鶏を料理するのに下ごしらえをする。⑥people in higher positions：身分の高い支配階級の人々。⑦contrarily：逆に。⑧ordinary people：民。⑨cultivate：教養を高める。⑩I was just joking：冗談でした。

⑩　子曰わく、「由や、女 六言の六蔽を聞けるか」と。対えて曰わく、「未だし」と。「居れ、吾 女に語げん。仁を好みて学を好まざれば、其の蔽や愚。知を好みて学を好まざれば、其の蔽や蕩。信を好みて学を好まざれば、其の蔽や賊。直を好みて学を好まざれば、其の蔽や絞。勇を好みて学を好まざれば、其の蔽や乱。剛を好みて学を好まざれば、其の蔽や狂」と。（陽貨篇）

||||||||||||||||||||||||||||||||||||||||||||||||||||||||||||||||||||||||||||||||

子曰、由也、女聞六言六蔽矣乎。対曰、未也。居、吾語女。好仁不好学、其蔽也愚。好知不好学、其蔽也蕩。好信不好学、其蔽也賊。好直不好学、其蔽也絞。好勇不好学、其蔽也乱。好剛不好学、其蔽也狂。　　　（→168ページ）

[口語訳] 先生がおっしゃいました、「子路よ、君は六つの言葉の持つ六つの弊害について聞いたことがあるかね？」と。子路は答えました、「いいえ」と。先生はおっしゃいました、「そこに座りなさい。私が君に語ってあげよう。思いやりを好んでも、学問を好まないと、その弊害は愚かしさになる。知識を好んでも学問を好まないと、その弊害は収拾がつかないことになる。信義を好んでも学問を好まないと、その弊害はヤクザなことになってしまう。真っ正直なことを好んでも、学問を好まないと、その弊害は融通の利かない窮屈なことになってしまう。勇気あることを好んでも、学問を好まないと、その弊害は無秩序になってしまう。剛直なことを好んでも、学問を好まないと、その弊害は真っ当でないことになってしまう」と。

［語句］①女：「汝」と同じ。なんじ。②六言：六つの言葉。ここでは「仁・知・信・直・勇・剛」を指している。③六蔽：六つの弊害。それぞれの言葉の持つ弊害のこと。④居：座る。⑤蕩（とう）：乱れて収拾のつかない状態。⑥賊：害となる。⑦絞：窮屈である。⑧乱：無秩序であること。⑨狂：まっすぐに進まないこと。

【解説】孔子先生の思想は、決して理念的なことばかりを並べているわけではない。理念は日常の実践的な場面に置くことができて、はじめてその意味を持ち、役割を果たすのだという。そうでなければ、害があるのだとまでいう。そして、その実践を促すのが「学」だというのだ。あるいは実践的な理解を学問がもたらすのだというのだ。いずれにせよ、頭でっかちを批判する精神がここにはある。
（江藤）

Confucius said, "Zi Lu, have you heard the six bad effects of the six virtues?" Zi Lu said "No, not yet." Confucius said, "OK, be seated here, I will tell you about them. If you try to reach to a perfect virtue or benevolence without learning, you will be a fool. If you try to gain wisdom without learning, you will believe others blindly. If you try to pursue honesty without learning, you will be narrow-minded. If you try to be brave without learning, you will not be able to behave modestly. If you try to be unyielding without learning, you would not be able to judge properly."

[構文・文法] ①Have you heard …?：(現在完了形) …を聞いたことがあったかな。②be seated here.：(受身の命令文) ここに座ってください。

[語句] ①bad effects：悪影響。②six virtues：六つの徳。③perfect virtue：仁。④benevolence：仁。a perfect virtueを言い換えている。⑤blindly：盲目的に。訳も分からず。⑥narrow-minded：心の狭い。⑦behave modestly：控えめに振る舞う。⑧unyielding：頑固な。曲がらない。⑨judge properly：判断が適切である。

◆テレビドラマ『相棒』と『論語』────────

　テレビ朝日で2000年単発ドラマを経て、2002年から連続ドラマ化され、2017年秋までに「season16」として続いている刑事ドラマ『相棒』がある。主人公は変わり者の警部で、特命係に左遷配属されている杉下右京である。彼の驚くべき洞察力と推理力が、難事件を次々と解決に導く。この人気ドラマの中で、2009年12月2日に放映された「season8」の第七話は、当時話題となった年金の不正問題を題材とした作品で、そのサブタイトルが『論語』から引用された「鶏と牛刀」だった。そして、ドラマの中盤、焼き鳥屋での会話場面で『論語』という言葉そのものが登場人物の口から発せられる。

右京「今回の彼の横領は、何故そうまでして隠そうとするのでしょう？」
小野田「『鶏を割くに、いずくんぞ牛刀を用いん』」
右京「はい？」
小野田「『論語』だよ。知らない？」
右京「鶏を割くのに、何故大きな牛刀を使う必要があるのか」
小野田「鶏を割くのに、わざわざ大きな刀を振るうのは何故？　何よりも証拠だよ、杉下」

　官房長の小野田は、横領犯の職員藤石（鶏）に対して年金保険庁の上層組織が動く（牛刀）のは何故なのか、と杉下に謎をかける。そして、証拠を探しなさいというのだ。焼き鳥の「ぼんじり」がどの部位かという会話もあり、それは「しっぽ」だと杉下が答える。犯罪の背後にある大きな陰謀と、藤石をトカゲの「しっぽ」切りではないかということを、答えのその「しっぽ」と重ねて連想させる、二人の焼き鳥屋での会話場面だった。こうした『論語』をめぐる登場人物による会話は、知的な演出と見るべきなのか、その一般的な広がりと見るべきなのか。もちろん、この本を書いている私としては、後者の立場である。（江藤）

⑪ 子夏曰わく、「仕えて優なれば則ち学ぶ。学びて優なれば則ち仕う」と。(子張篇)

子夏曰、仕而優則学。学而優則仕。　　　　(→168ページ)

[口語訳] 子夏が言いました、「仕官して余裕があれば学問をしなさい。学問をして余裕があれば仕官をしなさい」と。

[語句] ①子夏：孔子の弟子。②仕：仕官すること。③優：余裕があること。

【解説】これは孔子先生の弟子の子夏の言葉である。ここでは、仕官して仕事をすることと学問との関係を述べていた。では、学問をすることと仕事をすることとはどちらが重要なのだろうか。そもそも、学問か仕事かと思い悩む、はっきりとした選択枝が目の前にあるものなのだろうか。そうではない、と子夏は言っているのだ。いうなれば、仕事と出会うのも、学問と出会うのも、その人の運命のようなものかもしれない。そして、仕事をするときは仕事のことだけを考え、学問をするときは学問のことだけを考えろ、と子夏は言っているのだ。まったく凡人とはあれもこれもと考えては思い悩むものだと、私も恥じ入り、ただ反省するばかりである。そして、多芸な人には余裕があるのだろうと想像する。もうそれだけで凡人ではないのだ。我々は、運命として出会った目の前のことに、コツコツと努力すべきなのだ。そうすることで、意外と凡人の域を超えることがあるのかもしれない。(江藤)

Zi Xia said, "Those who have a position in the Court should study when they can. Those who study and can afford to do more should try to find a position in the Court."

［構文・文法］①those who …：…する人々。②can afford to …：(時間的、経済的に) …する余裕がある。

［語句］①position：職。地位。身分。②the Court：宮中。役所。③find a position：雇われる。

■漢文の基礎知識チェック（１）

①次の下線部の読みとして最も適当なものを選べ。

孫楚字ハ子荊 （蒙求）

①うじ ②あざ ③いみな ④あざな ⑤じ

［国学院大学］

②次の下線部の意味として最も適当なものを選べ。

李太白一斗百篇、援筆立成。杜子美改罷長吟、一字不苟。（鶴林玉露）

①立派に ②立ったまま ③ただちに ④迷わずに ⑤いい加減に

［上智大学］

③次の下線部の書き下し文として最も適当なものを選べ。

孟子曰、仁之勝不仁也、猶水勝火。（孟子）

①まさに水の火に勝つがごとし

②いまだ水が火を勝ことなし

③まさに水が火と勝負しないようである

④なほ水の火に勝つがごとし

⑤なんぞ勝る水が火のごとし

［岩手大学］

→159ページ

⑫ 曽子曰わく、「士は以て弘毅ならざるべからず。任重くして道遠し。仁以て己が任と為す。亦重からずや。死して後已む。亦遠からずや」と。

(泰伯篇)

曽子曰、士不可以不弘毅。任重而道遠。仁以為己任。不亦重乎。死而後已。不亦遠乎。　　　　　　　　　(→167ページ)

[口語訳] 曽子がおっしゃいました、「男たるもの、心の広さと強さとを持っていなければならない。その使命は重く、歩むべき道は遠いのだ。仁というものを己の任務となさなければならない。それは重い使命だ。死ぬまでその使命を負い続けなければならない。それは高遠な志なのだ」と。

[語句] ①曽子：孔子の弟子。②士：りっぱな男児。③弘毅：広い心と強さ。④任：任務。

【解説】「士」の使命などというと、やや重く感じるかもしれない。これは、孔子の弟子の曽子の言葉である。曽子は、学問や人としての正しい在り方を追求することの重さ、その覚悟について述べていた。それは現実的な利益を超えたものであり、まさに孔子先生の教えでもあった。曽子は、学問や人間を追求することは、どこまでも果てしない道を歩むようなものだというのだ。死ぬまで続けるという覚悟がここで私たちに向けられている。ここに「仁」という文字があるからか、任俠道じみた覚悟を迫る言葉はどこか私たちの心に響く。あまりに現実的な利益を追求することばかりに私たちが取り囲まれているからだろうか。そう考えたならば、ここで改めて、社会的に持つ自分たちの使命というものを考えて、私たちは学問と向

き合う必要があるのだ。(江藤)

Master Zeng said, "A man who wants to pursue a virtuous way of living should have generosity and a strong will. The responsibility he is given is heavy and the way he has to go through is long. He is given the mission to be benevolent. The responsibility is heavy. He has to strive for the mission until his final day. It is a life-long struggle."

[構文・文法] the responsibility he is given is …: the responsibility which he is given の意味。関係代名詞の省略。士が負っている責務。

[語句] ①a virtuous way of living：徳のある生き方。②generosity：寛大さ。③a strong will：強い意志。④responsibility：責任。責務。⑤go through：経験する。通る。⑥mission：使命。⑦benevolent：仁のある。⑧strive for…：懸命に努力する。⑨until your final day：死ぬ日まで。⑩a life-long struggle：一生続く戦い。

■四字熟語の基礎知識チェック③
　次の空欄に適当な漢字を補い四字熟語を完成させよ。また、その意味として最も適当なものを選べ。
　荒□無稽　(荘子)
　　①荒々しい姿が逆に可笑しさを誘うこと。
　　②この国にないものはどこにも存在しない絵空事のようなものだ。
　　③熟練した仕事には荒々しさは生じないものである。
　　④どこにも根拠がなくてでたらめなこと。
　　　　　　　　　　　　　　　　　　　　　答え→159ページ

⑬　子曰わく、「学びて思わざれば則ち罔し。思いて学ばざれば則ち殆し」と。(為政篇)

子曰、学而不思則罔。思而不学則殆。　　　(→167ページ)

[口語訳] 先生がおっしゃいました、「学問をしても、思索をしなければ道理に暗くなる。思索をしても学問をしなければ安定感に欠ける」と。

[語句] ①思う：思索をする。②罔し：明るくない。③殆し：危なっかしい。

【解説】確かに驚くほどの物知りはいる。知っているだけで、テレビに出たり、物書きや学者になることだってできる世の中だ。また、いつも思い悩んでいる人もいる。いろいろなことを後に引きずりながら、思い悩むタイプね。でも、知っているだけでは、結論は出にくい。もちろん、思い悩んでいるだけでは、新しい展開は生まれない。新しい知識は燃料となることで、考えることに新しい意味の展開や価値が生まれるのだ。孔子先生は、ここでは表面的な勉強の危うさを指摘しているのだろう。何のために知識＝情報を手に入れるのか、何のために考える＝思い悩むのか。その二つの結びつきを持ってこそ、勉強なのだ。何のために考えるのかは、すぐに何のために生きるのかと結びつくことになり、私たちは皆大きな問いに対面することになるのだ。(江藤)

Confucius said, "Learning without thinking carefully, you will not be able to truly understand what you are learning. Thinking without learning, you may end up being self-satisfied, which is very dangerous."

［構文・文法］①Learning without thinking carefully：（分詞構文）注意深く考えずに学ぶならば。＝If you learn …. ②Thinking without learning：（分詞構文）学ばずに考えるならば。＝If you think without learning. ③which is very dangerous：（関係代名詞の非制限用法）前の文の内容を受ける。自己満足に陥り、それは危険なことだ。

［語句］①end up …：…に終わる。②self-satisfied：独りよがりの。

■四字熟語の基礎知識チェック④

次の空欄に適当な漢字を補い四字熟語を完成させよ。また、その意味として最も適当なものを選べ。

国士無□　（史記）

①他に比べようもないすぐれた人物であること。
②国に最高の利益をもたらす戦士であること。
③この国には立派な武将がどこにも誰もいないこと。
④国を守る戦士としては血肉分けた兄弟が必要だということ。

答え→159ページ

The Catholic Invention of *The Analects*

Kevin M Doak
Georgetown University

In the last twenty years, scholars have challenged two major assumptions about Confucius and *The Analects* 論語. In *The Original Analects* (1997), Bruce and Taeko Brooks hold that only 16 sayings attributed to Confucius were actually spoken by him, and that most of the remaining statements were concocted long after his death. Of course, it has long been known that the latter parts of *The Analects* (after Chapter 10) are not consistent with the earlier parts and were probably added some time later. But nobody has made as strong as case as the Brookses have for *The Analects* as something other than the moral handbook of Confucius the philosopher.

If the Brookses are right and Confucius was not a moral philosopher, how did we get the idea that Confucius was China's leading philosopher and *The Analects* was his main text? A most interesting answer is offered by Lionel Jensen in his book, *Manufacturing Confucianism* (1997). That challenges the idea that Confucianism is Chinese. He argues that Confucianism, as we understand it today centered on *The Analects*, was an invention by Jesuit missionaries in China during the 17th and 18th centuries. Prior to the arrival of the Jesuits in China, *The Analects* was merely one of many texts privileged by Ru 儒 scholars. The Jesuits re-interpreted Confucianism as a moral philosophy centered on a wise holy man (Confucius) and his holy book (*The Analects*). They were merely projecting onto Chinese culture their own

Catholic assumptions that rested on the central importance of Jesus and the Bible. In this Catholic invention of *The Analects* as the holy book of Confucianism, other Chinese philosophical texts were simply ignored or marginalized. The Jesuits invented the name "Confucius" as a Latinized version of Kong Fu zi ("Reverend Master Kong"), a name not found in the literature of Ru 儒 scholars who merely referred to "Master Kong". Jensen doesn't even believe that Master Kong really existed. He sees Master Kong ("Confucius") as a literary invention of the Jesuits who sought to construct a religion for China comparable to Catholicism in Europe of their day to ease their missionary efforts.

Ironically, when Confucius and his *Analects* were introduced to Europeans, he was again re-interpreted as a secularist ethical thinker, a man who rejected God and transcendental values in favor of rationalism. During the anti-Catholic Enlightenment, atheistic *philosophes* such as Voltaire (1694-1778) and Christian Wolff (1679-1754) turned to Confucius as proof of the universalism of their atheistic rationalism. T'ien 天 was reinterpreted, not as the monotheistic principle that the Jesuits had discovered in it, but as a secular principle of "Heaven" that oversees all peoples and cultures. This interpretation of Confucius and *The Analects* continues today. In the United States, a statue of Confucius stands alongside Hammurabi and Solon in the Supreme Court building. And in the PRC, efforts to present Confucius as the Chinese equivalent of Christ (without the element of religion) are found in various efforts to promote Confucius as the essence of "the Chinese Way," both domestically and internationally. Yet, in light of recent scholarship, we must now ask: "is this Confucius and his *Analects* really just a secularized form of a 17th century

Jesuit invention of a Chinese version of Jesus Christ?"

II　孔子先生

(1773年に木版印刷された総ルビの付いた『論語』。儒学では「漢音」が尊重されたので、「漢音」を基調とした読み方になっている。)

II 孔子先生

① 子曰わく、「十室の邑、必ず忠信丘が如き者有らん。丘の学を好むに如かざるなり」と。
(公冶長篇)

子曰、十室之邑、必有忠信如丘者焉。不如丘之好学也。
(→167ページ)

[口語訳] 先生がおっしゃいました、「十軒くらいの家しかない小さな村にも、忠義や信用において私に匹敵する者はいるでしょう。ただ、そんな人たちも私の学問好きには及ばないでしょう」と。
[語句] ①邑：村。②忠信：忠義と信用。③如し：及ぶ。

【解説】自分と比べて私ほどのものはいないなどと言われると、聞いているみんなは白けてしまうだろう。孔子先生はそれでも言うのだ。どんな村や町にも「いい人」や「正しい人」は必ずいるものだ。そんな「いい人」や「正しい人」を表す「忠信」は、一般的に評価される人物の性向であるのだ。そのことと、「学を好む」こととは違うのだという。そして、その違いを、なんと自分を引き合いに出しているのだ。ここは、孔子先生の自慢話として呆れる場面ではない。孔子先生ならではのことと、みんなが納得するくらいに、学問に対する情熱と学問の修行の厳しさを私たちは知るべきなのである。

先生の学問好きには誰も及ばないことなど、皆知っている。となると、十軒くらいの家しかない村に「いい人」や「正しい人」がいることが気にかかる。小さい村と言っても、十軒もあれば、百人くらいの人たちが生活しているだろうか。そんな中に、孔子先生のような「いい人」や「正しい人」がいるのなら、その村の生活はきっと明るいものではないだろうか。そうならば、村の集合体である国

全体もまた豊かだということになる。ところが現実はそうではない。それは、先生のような学問好きがいないからだ。と考え至り、これは学問の大切さを教えているのか、なるほどと思い至るのである。
(江藤)

Confucius said, "Even in a small village in which there are only ten families, there must be an honest and faithful person like me. However, I believe there must be no one who likes learning as much as me."

［構文・文法］there must be …：mustの意味に注意。…があるに違いない。
［語句］①honest：率直な。信頼できる。②faithful：忠実な。信頼できる。③as much as me：私ほど好きな。

◆『論語』と算盤（そろばん）
　幕末明治を生きた渋沢栄一（しぶさわえいいち）の著書に『論語と算盤』がある。道徳経済合一論とも呼ばれる。日本が近代化に向けて大きく舵を切った明治初期に、持続可能な経済発展のためには、利益の一方的な追求ではなく、利益追求と同じバランスで道徳の重視が必要であることを、日本資本主義の父と呼ばれた渋沢栄一は「論語（ろんご）と算盤（そろばん）」という言葉で表したのだった。利益をはじき出す道具としての算盤に対して、人間の道徳を象徴するものとして『論語』を掲げることは、日本人にとって、『論語』が人間道徳の基本として認識されていたことを物語る。それは今でも同じなのだろう。(牧角)

② 子の燕居（し えんきょ）するや、申申如（しんしんじょ）たり。夭夭如（ようようじょ）たり。

（述而篇）

子之燕居、申申如也。夭夭如也。　　　　　　　　（→167ページ）

　[口語訳]　先生が家でくつろいでいる時は、伸びたり縮んだり自由気ままに過ごしていた。
　[語句]　①燕居：朝廷に出仕しないで家に居ること。②申申：のびのびしている様子。③夭夭：縮こまっている様子。

【解説】孔子先生のくつろいでいるさまを描写している。厳しく学問に向けられた面だけでなく、こうした様子を描くことで、人というものの在り方を私たちは知るのである。それは、人間を理解するときには重要であり、師といえども一人の人間としてその多面性を理解するときに、その人の思想もまた十分に理解することができるのだろう。もちろん、それとは逆の考え方もある。思想家が書いた文章だけによる思想、作家が書いた作品だけによる小説を、いわば理解の対象とする立場だ。そこでは、言語で表現されたものだけが全てであり、書いた本人の行動の記録や証言また関係者の話などは、理解するための参考にもしない。簡単に言うと、ロラン・バルト以降のテクスト論的な立場だ。もちろん、ここに表現されたリラックスする孔子像をテクストに組み込んだ『論語』は、テクスト論を向けることはなく、孔子を一人の人間として読者に理解させようとする作戦に出たのだった。そんなことに異議を唱えるつもりはない。「燕居」の孔子を手に入れることを仕向ける『論語』は、こうして私たち読者が幾世代に渡っても、その時代での身近な孔子先生と出会うことになる。（江藤）

When Confucius was at home, he always looked calm and peaceful.

［構文・文法］look calm：このcalmは、補語の働きをする。
［語句］①calm：穏やかな。②peaceful：穏やかな。平和的な。

◆孔子の子孫

　孔子の子孫はその系譜がきちんと残されており、中国ではどの時代にもその顔を覗かせる。三代目の孫の子思は『論語』編纂に関わる。11代目の孔安国は『尚書』の序文を書いて『文選』に収録されている。また、三国時代の魏の孔融は20代目、この人は映画「レッドクリフ」の冒頭の場面で、曹操に処刑される人物だ。また、近代になって、建国の父孫文の二番目の夫人になった宋慶齢は、宋家という名家の出身なのだが、その妹の宋美齢は蔣介石の夫人になり、さらにその姉宋藹齢が嫁いだのが、大富豪であった孔子75代目の子孫孔祥熙だった。（牧角）

③ 子曰わく、「疏食を飯い水を飲み、肱を曲げて之を枕とす。楽しみ亦其の中に在り。不義にして富み且つ貴きは、我に於いて浮雲の如し」と。(述而篇)

子曰、飯疏食飲水、曲肱而枕之。楽亦在其中矣。不義而富且貴、於我如浮雲。　　　　　　　　(→167ページ)

[口語訳] 先生がおっしゃいました、「質素な食事に飲み物は水、ひじを曲げて枕にする、そんな質朴な生活の中にも楽しみはあるのだよ。正当でない方法で手に入れた富や高い位なんて、私にはまるで空の雲のようなものだ」と。

[語句] ①疏食：質素な食事。②不義：正しくないこと。③浮雲：空に浮かぶ雲。ふわふわとして実際的な価値のないもののたとえ。

【解説】豊かな暮らしにあこがれるのは人の常。美味しいものを食べて、快適な生活を手にしたいと思い、せっせと勉強してお金持ちになろうとしている人もいるだろう。でも、ここで象徴的に表現された質素な生活にもまた、楽しみがあると、孔子先生は言う。ただ、質素な生活は選択肢の一つであり、そうでない生活を否定しているわけではない。先生は不正な手段で手に入れた贅沢を強く批判しているのであって、たとえば贅沢と映るような豊かで快適な暮らしを悪いとは言ってないのだ。また、「貧すれば鈍す」という表現があるように、貧しいとあれこれ生活のための苦労が多くなり、自分の能力を十分に発揮できない。私たち凡庸な人間はそこそこ生活に余裕があったほうがいいのかもしれない。孔子先生の「不義」への批判をまず私たちは心にとめておくこととしよう。(江藤)

Confucius said, "One can find pleasure in having simple food, drinking plain water, and sleeping with the head upon arms. To me, wealth and power gained in illegitimate ways are as transient as drifting clouds."

［構文・文法］①in having simple food：〜する際に。in＋〜ing. 粗食を食べるときに。②with the head upon arms：(付帯状況) with＋目的語（…）＋形容詞句（副詞）。腕を枕にして。〈例文〉Do not talk with your mouth full.（口にものをほおばって口をきいてはいけない。）

［語句］①simple food：粗食。②plain water：淡水。普通の水。③in illegitimate ways：違法に。④transient：はかない。つかの間の。無常の。⑤drifting clouds：浮雲。落ち着かない不安定さのたとえ。

■四字熟語の基礎知識チェック⑤
次の空欄に適当な漢字を補い四字熟語を完成させよ。また、その意味として最も適当なものを選べ。
朝三□四　（荘子/列子）
①最後に価値があればすべてまるく収まる調和的なさま。
②朝夕の予定を立てることで物事がうまく運ぶということ。
③早ければ早いほど損をすることに気がつかないということ。
④実質は同じなのに目の前のことにとらわれている愚かさ。

答え→159ページ

④ 厩焚けたり。子 朝より退きて曰わく、「人を傷えるか」と。馬を問わず。(郷党篇)

厩焚。子退朝曰、傷人乎。不問馬。　　　　　　(→167ページ)

[口語訳] 孔子の家の馬小屋が火事で燃えました。先生は朝廷から戻ってくると、こうお尋ねになりました、「怪我をした者はいないか」と。馬のことは何も聞かなかったのです。

[語句] ①厩：馬屋。②傷える：怪我をさせる。③不問馬：馬については聞かなかった。

【解説】孔子先生の屋敷の馬小屋が火事になったときの逸話である。先生はまず、自分の財産よりも人のことを気遣ったというのだ。つまり、人の命と無関係なモノという財産よりは、まず人に対する配慮や心遣いが大切なのだということを、自ら（先生の）言動で示されているのだ。現代社会では、たとえば個人経営の会社や学校などと重ねてみよう。そこでの社長や理事長の人となりを知ることになるかもしれない。自分の財産のことが第一だと思わない人はあまりいないだろう。大金持ちは傍若無人な振る舞いは当たり前だというイメージは一般的だと思う。しかし、『孟子』の梁恵王章句上で、古くからの言葉として引用してある「仁者に敵なし」とは、徳の高い仁者には、敵対する者などいないということだ。この孔子先生の気遣い、実は仁者ならば当然のこと、私たちが持つ配慮や気遣いとは違うのであった。配慮や気遣いなどというとどこかにそれと判断する意思が働いているような気がする。しかし、仁者とは、それそのままが普通の立ち居振る舞いであり、だからこそ孔子先生は当然のこととして、「人を傷えるか」と聞いたのである。(江藤)

One day, Confucius' stable caught fire. Confucius got back from the Court quickly and asked. "Is there anyone who got injured?" He didn't ask about the horses at all.

［構文・文法］not … at all：まったく…でない。
［語句］①stable：馬小屋。②catch fire：火事になる。③the Court：朝廷。宮廷。

■四字熟語の基礎知識チェック⑥
　次の空欄に適当な漢字を補い四字熟語を完成させよ。また、その意味として最も適当なものを選べ。
　□越同舟　（孫子）
　①ライバルや仲が悪いもの同士が同席し協力し合うこと。
　②さまざまな人々でにぎやかで楽しい旅をすること。
　③お互いをよく知る近隣の人たちが協力し合うこと。
　④戦っていたものたちが協力し合ってひとつの仕事を成し遂げること。

答え→159ページ

⑤ 子曰わく、「我は生まれながらにして之を知る者に非ず。古を好み、敏にして以て之を求めたる者なり」と。(述而篇)

子曰、我非生而知之者。好古、敏以求之者也。

(→167ページ)

[口語訳] 先生がおっしゃいました、「私は生まれながらにして何でも知っているというわけではないのだよ。昔の聖人たちの教えに憧れ、一所懸命それを求めたんだ」と。

[語句] ①古：昔の聖人。ここではその学問。②敏：敏捷。すぐに行動すること。

【解説】生まれながらの天才は確かにいるかもしれない。スポーツや芸術は、そのわかりやすい例かもしれない。そして、そんなものと自分を比較しても仕方がないと思ってしまう。ひょっとしたら天才だったかもしれない孔子先生（たぶん生まれながらの天才だった）は、たいていは凡庸しかない私たちに重要なエールを送ったのだ。その大切なこととは、学問が好きであること、それを学ぶことに努力することが大切だということである。何かを手に入れるには努力しなければならないのは当然である。もちろん、この好きになることこそ天才に少しでも近づく手立てかもしれない。しかし天才と言われたスポーツ選手や芸術家といえども、日ごろの努力の積み重ねがものをいう。孔子先生もまた然り。であるならば、日々「敏にして以て之を求め」る先生の努力に、私たちはまたここにも孤高の才人を見出すばかりである。(江藤)

Confucius said, "I'm not such a genius as to know everything naturally. I admire great people in the past for their wisdom and have been making great efforts to pursue it."

［構文・文法］such … as to ～：～するような…。〈例文〉I am not such a smart boy as to think of myself a fool.（私は自分を馬鹿と思えるほど利口ではない。）

［語句］①genius：天才。 ②naturally：自然と。③admire：見とれる。④wisdom：知恵。英知。⑤make great efforts：おおいに努力する。

◆『詩経』

『論語』に出てくる中国の古典は『詩経』と『尚書』の二つ（『易』もいれると三つ）である。孔子教団では、『詩経』と『尚書』を教科書にして、礼と楽を教えていた。このうち『詩経』は、中国で最も古い歌謡集である。『論語』の時代には『詩』と呼ばれていた。歌謡といっても、おもに王朝の儀式や宴会、そして季節祭に歌われたもので、音楽に合わせて歌詞を歌うものである。孔子は、折に触れて弦楽器を奏でながら『詩』を歌った。『詩』を歌うことが人間性の涵養につながると考えていたからだ。（牧角）

⑥ 子曰わく、「吾れ十有五にして学に志す。三十にして立つ。四十にして惑わず。五十にして天命を知る。六十にして耳順う。七十にして心の欲する所に従いて、矩を踰えず」と。（為政篇）

子曰、吾十有五而志于学。三十而立。四十而不惑。五十而知天命。六十而耳順。七十而従心所欲、不踰矩。

（→167ページ）

［口語訳］先生がおっしゃいました、「私は十数歳で学問に志を立てました。三十歳になると自分で判断できるようになりました。四十歳になると思い惑うことがなくなりました。五十歳になると天命を知りました。六十歳になると、人の言うことを素直に聞けるようになりました。七十歳になると、自分の思いどおりに振る舞っても、間違いを起こさないようになりました」と。

［語句］①天命：天から与えられた使命。②矩：人として踏み行うべき規範。

【解説】孔子先生が晩年になって自分の人生を振り返っているのだろう。この先生の自分史のなかでも、学問に向き合い、そして修行する時間がやや長いような気がする。若く体力もある時代に、それを資本にしてお金を稼ぐことはせずに、学問修行をするのである。しかし、それがあってこその晩年なのであろうか。では、この私たち長寿社会では一体幾つまで学問修行を積むべきなのだろうか。三十歳までか四十歳までか。いや、本当の学問の道とは果てしないものかもしれない。だからこそ、「天命を知」る時が必要なのだろう。それは学問に対する謙虚さかもしれない。果てしのない学問世界、

その深淵を垣間見たからこそ、人としての自分ができる範囲を知ることになる。そうでなければ、学問に出会ったことにはならないのだとも、孔子先生は自分が歩んできた道を振り返るのである。(江藤)

Confucius said, "I set my mind on learning when I was 15. I became able to think independently when I was 30. I had no more doubts when I was 40. I came to know the purpose of life when I was 50. At 60, I became able to listen to others without prejudice. At 70, I was able to follow my heart without crossing the line."

[構文・文法] set one's mind on …：…することを固く決意する。
[語句] ①doubt：何かあることに対する疑い、疑念。②listen to others：他人の意見に耳を傾ける。③prejudice：偏見。先入観。④follow one's heart：心のままに生きる。⑤cross the line：人の道に外れる。

⑦ 曽子曰わく、「吾れ日に三たび吾が身を省る。人の為に謀りて忠ならざるか。朋友と交わりて信ならざるか。習わざるを伝うるか」と。(学而篇)

曽子曰、吾日三省吾身。為人謀而不忠乎。与朋友交而不信乎。伝不習乎。　　　　　　　　　　　　　(→166ページ)

［口語訳］曽子先生がおっしゃいました、「私は一日に三度、自分の行動を反省します。他人のために誠心誠意考えてあげることができたであろうか。同士の友と誠実に付き合うことができたであろうか。勉強もしないでいいかげんなことを教えなかったであろうか」と。

［語句］①三省：三度反省する。三つの事を反省する、あるいは何度も反省するという解釈もある。②謀る：相談に乗っていろいろ考えてあげる。③忠：真心を尽くすこと。④信：他人を欺かない。⑤習わざる：まだ十分に身につけていないこと。

【解説】孔子先生の晩年の弟子である曽子の言行である。自分に厳しくあることは、人として最も大切なことである。世の中、自分にだけ甘いという人間がどれだけいることか、君たちも周りを見ればすぐにわかるだろう。この自分への厳しさこそが、孔子先生から受け継いだ第一のことだろうし、また受け継いだとしても、彼は孔子先生の教えを「習わざるを伝うるか」と、すぐに己を厳しく反省するのであった。弟子の言行が、間接的であることで逆に孔子の教えを明確化しているのである。また、この「三省」は、明治期に古書店として創業した「三省堂書店」（後に出版社「三省堂」はここから独立した）の社名となって、多くの人の目に触れる言葉となった。

それと知らなければ、変な名前だなと思うかもしれない。それにしても、『論語』由来のこうした社名はかなり珍しいのではないだろうか。それとも文化事業を行う会社ならば、明治期には時にそれは見受けられるものだったのだろうか。他に、学校名ならば、『論語』の同じ箇所からは、福岡県立の伝習館高校、また、『論語』最初の学而篇にある「学びて時にこれを習う」からとられたと言われている学習院や藩校を起源とする時習館高校の校名など、古い学校では時々そうした『論語』由来のものを見ることがある。また『論語』以外にも、中国古典から学校名が生まれた例は多い。たとえば、立命館は『孟子』の一節からである。これらは、江戸時代の漢学や漢学塾で教えられた『論語』の知識が広がっていたからだ。（江藤）

Master Zeng said, "I reflect on myself in three ways every day. Did I think of others and advised them wholeheartedly? Did I get along with my friends truthfully? Didn't I teach someone something I had not fully acquired?"

［構文・文法］Didn't I teach …I had not fully acquired?：過去完了（ある過去の一時点までの完了や経験を表す）
［語句］①reflect on …：…を反省する。…についてよく考える。②wholeheartedly：心の底から。③get along with …：…とうまくやっていく。④truthfully：正直に。⑤acquire：知識を習得する。

⑧ 子曰わく、「朝に道を聞かば、夕べに死すとも可なり」と。(里仁篇)

子曰、朝聞道、夕死可矣。　　　　　　　　(→166ページ)

[口語訳] 先生はおっしゃいました、「もし朝に、人として踏むべき道について、その答えを聞くことができたら、その夕べに死んでもいい」と。

[語句] 道を聞く：道とは何かについての答えを悟る。

【解説】限りある命を生きる私たち人間にとって、何のために生きるのか、という生き甲斐についてはいつも意識に上ることである。そして、その生き甲斐というものを裏側から表現するならば、死に甲斐ということになるだろう。いわば生き甲斐と死に甲斐は、同じことでもある。そして、「死すとも可なり」という境地に至らしめる「道」というものについての答えのもつ意味が大きい。しかし、いまだにその答えがわからない私にとって、学問修行の果てにある「道」とは、具体的な何かというよりは、永遠の問いのような気がしてならない。人はこの「道」に到達することを夢見ながら、永遠に学び続けることではないだろうか。また、ここでたとえられている朝から夕方という時間の短さが表現としてはとても響きがいい。振り返るとあまりに短い人生そのものがここに凝縮されているようでもあり、はかなさということでは夕刻に漂う無常観が人の心を打つ。しかし、そこに決意があるだけに、虚無的な空気は少しも感じられない。まさに、己にとって学ぶということの意味が究極的に表現されているのであろう。(江藤)

Confucius said, "If one morning, I could acquire moral principles, I wouldn't mind dying that evening."

［構文・文法］If I could …, I would〜．：現在の事実に反対の願望を表す仮定法過去もしも…だとしたら、〜だろう。〈例文〉If I could speak English, I would be able to enjoy traveling in the U.S.（英語が話せれば、アメリカ旅行を楽しめるのに。）

［語句］①acquire：手に入れる。②moral principles：道徳的原則。③don't mind …ing：…でもいい。気にしない。

■四字熟語の基礎知識チェック⑦
　次の空欄に適当な漢字を補い四字熟語を完成させよ。また、その意味に最も近いことわざを選べ。
　夜郎□大　（史記）
　　①能ある鷹は爪を隠す
　　②井の中の蛙
　　③サルも木から落ちる
　　④どんぐりの背くらべ

答え→159ページ

⑨ 子曰わく、「三人行えば、必ず我が師有り。其の善なる者を択びて之に従い、其の不善なる者にして之を改む」と。(述而篇)

子曰、三人行、必有我師焉。択其善者而従之、其不善者而改之。
(→166ページ)

[口語訳] 先生がおっしゃいました、「三人で道を歩けば、その中に必ず自分の師とすべき者が見つかる。善なる者を選んで従い、善ではない者を選んで自分の不善を改めればよいのだ」と。

[語句] ①我師：自分が師として尊敬すべき者。②善なる者：人格が善である人。

【解説】人はいろいろなものから学ぶことができる。たとえば、『詩経』の(「他山之石、可以攻玉」＝他山の石 以て玉を攻むべし)からきた「他山の石」という言葉は、元の意味は、「よその山から出た粗悪な石も、自分の玉を磨くのに使うことができる」という意味だが、他人の悪口なども、自分を正すための反省となるという意味で使われるようになった。また、ドイツのビスマルクの言葉として知られている「愚者は経験に学び、賢者は歴史に学ぶ」は、広い視野で考えろということか。ここは、同じ道としての学問を歩むこととするならば、同行者の良いところだけでなく良くないところからも学ぶものがあるということか。さらにここは、そのまま三人で同行する場合だけを想定しなくてもいいと思う。一つの事柄を思案する場合、いつも三つの仮説を立ててみるのもいい。そうすれば、きっとその一つは善いものであるかもしれない。それが善いものであるかどうかは、他の二つと比較すればいい。孔子先生のこの教え

は、自らの迷いを正すための、いわば自分の内にある師を見出す方法として読みかえてみたい。そんな読みかえもまた『論語』の楽しみかたなのだ。(江藤)

Confucius said, "Three people are walking down the street, and you must be able to find someone who can be your teacher among them. If it is someone with good character, follow him as a role model. If it is someone who misbehaves, reform yourself so that you don't behave the same way he does."

［構文・文法］①you must be able to …：…できるに違いない。②so that you don't behave …：…という行動をしないように（するために）。
［語句］①someone with good character：善良な人。②role model：お手本。模範。③misbehave：不品行な行いをする。④reform：品行を矯正する。

■四字熟語の基礎知識チェック⑧
次の空欄に適当な漢字を補い四字熟語を完成させよ。また、その意味として最も適当なものを選べ。

巧言令□　（論語）

①うまい表現で皆の気持ちを豊かにすること。
②嘘ばかりの言葉でその場その場を繕うこと。
③計算された悪口を向けられて顔色を失うこと。
④表面的でどこにも誠意が感じられないこと。

答え→159ページ

⑩ 子曰わく、「人の己を知らざるを患えず、人を知らざるを患うるなり」と。(学而篇)

子曰、不患人之不己知、患不知人也。　　　(→166ページ)

［口語訳］先生がおっしゃいました、「他人が自分のことを知らないからといって気にやまない。自分が知るべき人を知らないのではないかと心配すべきなのだ」と。
（人が自分のことを認めないからといって気にやむ必要はない。むしろ自分が他人を認めない方を心配なさい。）

［語句］患：心配し気にかける。苦にする。

【解説】自分の知識や権力などをひけらかす人はもちろんいる。少しでも有名になりたいと思う人は多いだろう。逆に誰からも認められないからとふてくされる人もいるかもしれない。大量の情報が行き交う社会に私たちは生きている。だから、善悪は別として、誰もがすぐに有名になる機会がある。知る人ぞ知るなどという言葉は、この高度情報化社会では、何も心に響かない。単に何も発信しないだけだということになるのだろう。しかし、誰もが容易に発信できる現在、たとえ空っぽの情報＝知識や権力などをいくら発信しても、それらは何の意味もなさない。このことは、高度情報化社会がすでに教えてくれたことでもある。無意味な情報はネットの時代に膨大に見え隠れしている。だからこそ、その行き交う情報の精度を高め、そこからしっかりと価値あるものを手にしなければならないのだ。つまらないプライドで自分の目を曇らすことなく、「知るべき人」とは、目の前に行き交う大量の情報の中にある答えだ。(江藤)

Confucius said, "You don't have to worry about it if others do not place a high value on you. Rather, you should worry about not understanding others."

［構文・文法］it：if 以下を指す仮目的語。〈例文〉I would appreciate it if you could help me with my homework.（宿題を手伝ってくれるとありがたいんだけど。）

［語句］①place a high value on …：…を評価する。②rather：そうではなく、むしろ。

■漢文の基礎知識チェック（2）

④次の下線部全体の主語として最も適当なものを選べ。
　子曰、道之以政、斉之以刑、民免而無恥。（論語）
　　①先祖　②聖人　③為政者　④人民　⑤天

［二松學舍大学］

⑤次の下線部の書き下し文として最も適当なものを選べ。
　吾今日見老子、其猶龍邪。（史記）
　　①それはなほ龍のよこしまなるかと
　　②それもすべからず龍のごとくかと
　　③それいまだ龍ならずかと
　　④それなほ龍のごときかと
　　⑤それはまさに龍とすかと

［立正大学］

答え→159ページ

⑪ 子曰わく、「蓋し知らずして之を作る者有らん。我は是れ無きなり。多く聞きて其の善き者を択びて之に従う。多く見て之を識すは、知るの次なり」と。(述而篇)

子曰、蓋有不知而作之者。我無是也。多聞択其善者而従之。多見而識之、知之次也。　　　　　　　　　　(→166ページ)

[口語訳] 先生がおっしゃいました、「何も知識がないのに、新しいものを作る人がいます。私はそういう風にはしません。多くのことを聞き、その中の善いものを選んで従っているのです。多くを見て、選ぶことなく全てを記録するのは、知識を得るのに次ぐ方法です」と。

　[語句] ①蓋し：思うに。〜と考える。②作る：自説を創作する。③識す：記憶すること。④知る：知識を持つこと。

【解説】『論語』述而篇の最初の章句である「述べて作らず、信じて古えを好む」(古くからの知恵を言い伝えることはしても、自分で新しく創作することはしない、古典を信じてそれを愛好する)と結びついている、孔子先生の学問に対する態度である。ここでは、十分な理解をしないで新説を唱えることを諫める。多くのことを学ぶということは、そこから価値あるものを見抜く力が求められているのだという。少し自信が生まれると、自分の考えをやたら言い張る人がいるかもしれない。しかし、孔子先生は、勉強して得た先人たちの知見を活かすことを第一としているのである。そして、そのためには多くのことを見ては、それをそのまま記録するという。そうすれば、知識を得ることの次くらいにはなれるというのだ。確か

に、善いことも悪いことも、まず目の前に全て等価なものとして並べてみると、自ずと見えてくるものがあるはずだ。(江藤)

Confucius said, "Some people try to come up with new theories without knowing the subject well. It is something I would never do. I would try to expose myself to many ideas first, find the good ones and learn from them. Or I would try to learn from all the ideas I come across without telling the good from the bad, which is the second best way to get to know something."

［構文・文法］I would never do …：(仮定法) 私だったら…ことはしません。〈例文〉Apolitician would not do such a thing. (政治家だったらそんなことはしないでしょう。)
［語句］①come up with …：…を思いつく。②the subject：主題。話題。③expose ～ to …：…に～をさらす。④come across：ふと見つける。偶然出会う。⑤the second best way：二番目に良い方法。

■四字熟語の基礎知識チェック⑨
　次の空欄に適当な漢字を補い四字熟語を完成させよ。また、その意味として最も適当なものを選べ。
　四□楚歌　(史記)
　　①周りが騒がしく歌い騒ぎ落ち着かないさま。
　　②周りに味方をするものはいなくて孤立したさま。
　　③周りが見知らぬひとびとばかりで孤独な気持ち。
　　④周りに援軍がいることを知って力強くなる気持ち。

答え→159ページ

⑫ 子 四を絶つ。意毋く、必毋く、固毋く、我毋し。（子罕篇）

子絶四。毋意、毋必、毋固、毋我。　　　　　　　（→166ページ）

　[口語訳] 先生は、四つのものから完全に自由だった。それは意（思い込み）と必（断定）、固（固執）と我（自分本位）である。
　[語句] ①絶つ：切り離す。②意：思い込み。③必：絶対にそれしかない、という断定。④固：固執。⑤我：自己中心的な考え。

【解説】孔子先生の「四を絶つ」精神は、何よりもとらわれることを嫌うということだ。どのように大先生として弟子たちに崇められようとも、先生自身は自由で柔軟な思考をもっとも大切とするのである。自分は絶対だとか、自分に間違いはないなどの思い上がりや、疑うことのない精神は、自分自身を縛り付けてしまう。夏目漱石の『三四郎』(1909)では、男（後に広田先生と知ることとなる）から、上京する汽車の中で「熊本より東京は広い、東京より日本は広い。日本より……」「日本より頭の中の方が広いでせう」「囚われちゃ駄目だ」と三四郎は言われる場面があった。それはいつまでも若い精神を維持するということである。だから時代は何事にもとらわれることのない若者のような精神によって変わってきた。経験が少ないだけ、とらわれることもないのだ。ここからも、「囚われちゃ駄目だ」という声が聞こえそうである。(江藤)

Confucius is free of the following four features: prejudice, assertion, stubbornness, and self-centeredness.

［構文・文法］is free of …：…のない。〈例文〉You are free of smoke here.（この場所は禁煙です。）

［語句］①the following：以下の。次の。②feature：特徴。③prejudice：偏見。④assertion：自己主張。誇示。⑤self-centeredness：自分本位。自己中心。

◆下村湖人『論語物語』①序文

下村湖人（1884〜1955年）は佐賀県出身の作家で、小説『次郎物語』（1941-1954）で広く知られていた作家である。また、その作品に先行する『論語物語』（1938）の表現方法は、「ある章句を中心にして物語を構成しつつ、意味の上でその物語中に引用するに適したと思われるような章句は、何の考証もなしに、これを引用することにした」とある。そして、「序文」には下村湖人の『論語』観も併せて、その創作方法が次のようにまとめられていた。

『論語は「天の書」であると共に「地の書」である。孔子は一生こつこつと地上を歩きながら、天の言葉を語るようになった人である。天の言葉は語ったが、彼には神秘もなければ、奇蹟もなかった。いわば、地の声をもって天の言葉を語った人なのである。

彼の門人達も、彼にならって天の言葉を語ろうとした。しかし彼等の多くは結局地の言葉しか語ることが出来なかった。中には天の響を以て地の言葉を語ろうとする虚偽をすら敢てする者があった。そこに彼等の弱さがある。そしてこの弱さは、人間が共通に持つ弱さである。吾々は孔子の天の言葉によって教えられると共に、彼等の地の言葉によって反省させられるところが非常に多い。』（下村湖人『論語物語』「序文」）

ここでは、孔子の超越的な「天の言葉」と弟子達の「地の言葉」に分けて、そこに届かない弟子たちの言葉の中に人間の「弱さ」をみるという方法で『論語物語』は描かれているというのだ。人間の「弱さ」が、太宰治にしてもこの時代の文学の一つのキーワードだった。（江藤）

⑬　子夏曰わく、「君子に三変有り。之を望めば儼然たり。之に即けば温なり。其の言を聴けば厲し」と。（子張篇）

子夏曰、君子有三変。望之儼然。即之也温。聴其言也厲。
（→166ページ）

［口語訳］子夏が言いました、「君子には、三つ変化があります。遠くから見ると、威厳に満ちていて、近くによると温かく、そしてその言葉を聞くと、厳しさがある」と。

［語句］①三変：他人から見ると三通りの見え方がある。②儼然：容貌が端正、荘厳に見える。③即：近く側によること。④温：暖かく穏やかである。⑤厲：厳しいくらい正しいこと。

【解説】孔子先生とよく接していた弟子だからだろう。子夏の言葉で、立派であると人から呼ばれる人物には、さすがにオーラがある。そうであっても、近くで接すると意外に親しみがあるかもしれないが、彼自身の言説にはやはり厳しいものがある、と。あたりを見回してみても、偉そうにしていて、実はその中身はからっぽという人もままいるだろう。非常に努力して立派な人になったとしても、おごり高ぶることなく人と接することができる人物こそが君子なのだ。ただそうであっても、自分自身に向ける厳しさを失ってはならないのだ。それが学問であっても、教育であっても、自分の仕事であれば、より厳しくなければならない。孔子先生と重なる君子の道とは、どこまでも険しいのである。（江藤）

Zi Xia said, "A gentleman has three ways in which to be perceived. When you see him from a distance, he looks dignified. He looks gentle and calm when you are close by. Then, when you hear him, his words sound confidently strict but fair."

［構文・文法］three ways in which to be perceived：（前置詞＋関係代名詞の用法）三様に認識される。
　［語句］①perceive：五感で知覚、認識する。②look dignified：威厳がある。③gentle：温厚な。親切な。④confidently：自信を持って。

■四字熟語の基礎知識チェック⑩
　次の空欄に適当な漢字を補い四字熟語を完成させよ。また、その意味に最も近いことわざを選べ。
　　五十歩□歩　（孟子）
　　①アキレスと亀
　　②贔屓の引き倒し
　　③馬脚をあらわす
　　④目糞鼻糞を笑う

答え→159ページ

◆下村湖人『論語物語』②本文

　『論語物語』は、「論語の中の言葉を、読過の際の感激にまかせて、それぞれに小さな物語に仕立てて見たい」という方法で書かれていた。たとえば、「子曰く、君子は周して比せず、小人は比して周せずと。（為政篇）」（君子は広く親しんで一部の人におもねることはないが、小人は一部でおもねりあって広く親しまない）という「論語の中の言葉」を、次のように「小さな物語に仕立て」るのである。

　陳亢は、自分が伯魚と親しいと孔子に思われたのが、非常に嬉しかった。しかし彼は黙って伯魚の方を見た。伯魚はいった。「最近特別にお親しく願っています。いろいろ教えていただきますので、非常に愉快です。」
「うむ。それはいい、若いうちは、友達同志で磨きあうのが何よりじゃ。私もきょうは一つ仲間入りをさして貰おうかな。」そういって孔子は歩き出した。二人もそのあとについた。
　（略）
「時に――」と、孔子は歩きながらいった。
「二人が親しくするのはいいが、そのために朋友の交りがかたよってはいけない。君子は公平無私で、広く天下を友とするものじゃ。小人はこれに反して、好悪や打算で交る。だからどうしても片よる。片よるだけならいいが、それでは真の交りは出来ない。真の交りは道を以て貫くべきものじゃ。」
　陳亢のわくわくしていた胸は、一時に凍りつきそうになった。
「いや、しかし――」と、孔子は二人を顧みて、「私は、二人の交りを小人の交りだ、といっているわけではない。ただ一寸気がついたことを云って見たまでのことじゃ。」』（『論語物語』「異聞を探る」の一部より）

　ここでは使われる章句をことさら説明するわけではなく、幾つかの章句を組み合わせながら、孔子のいる場面を創作している。『論語物語』では、130章句を使った28の「ちいさな物語」群が重ねられていた。では、この場面をどのように読むことができるのだろうか。ここであえて「小人」の「交わり」を口にする孔子は、非常に心の狭い人間のようにも思える。そうした人間孔子を考えさせる作品であった。（江藤）

流传千古的语录——《论语》

二松学舍大学文学部专任讲师　张佩茹

随着中国经济实力的增强,近年来全球掀起一股"汉语热"。邻近中国的韩国、日本自不待言,就连美国、英国也出现汉语学习者人数不断增加的趋势。肩负推广对外汉语教育重责的单位名叫"孔子学院",从这个名称就能看出孔子在中华文化中的特殊地位,而《论语》这部记录孔子及其弟子言行的著作,历来当然也就备受重视。《论语》与《孟子》、《大学》、《中庸》合称为四书,是儒家思想的经典著作。

《论语》不是孔子本人的著作,而是由后代弟子整理、编写而成。成书时期大约是孔子辞世两百多年后。由于成书时间较晚,书中内容是否如实地记录了孔子及其弟子的言行,是比较可疑的,但这仍然无损于它的价值。想了解孔子的思想,还是必须阅读《论语》。这部《论语》大名鼎鼎,容易让人产生艰涩难懂的印象,但当我们翻开书来读,就会发现其中所讲述的道理并不是遥不可及的,而是我们能够身体力行、积极实践的。在《论语》一书中我们看到的孔子不是一个完美无缺的圣人,而是一个勤于学习、认真思考的教育家。

以"学习"这一主题来说,《论语》卫灵公第十五收录的"子曰:吾尝终日不食,终夜不寝,以思,无益,不如学也"让我们看到一个为求精进而想方设法的孔子。他废寝忘食,把所有的时间都用来思考,但通过这个经验他所得到的结论是,光是思考没有益处,还不如学习。我们把孔子尊为至圣先师,这个称号会让人误以为孔子的所作所为都是值得效法、模仿的,但是这一段内容让我们了解到孔子也是个凡人,也会犯错、失败,可贵之处是他不会隐瞒,反而还告诫弟子不要重蹈覆辙。而关于学习和思考的重要性,为政第二有这么一段内容:"子曰:学而不思则罔,思而不学则殆"。从这段话我们能看到,孔子认为学习和思考应该并重,不能光是学习,也不能光是思考。光是学习而

不思考，就会迷惘困惑；光是思考而不学习，就会独断固执。这段话提醒我们除了认真学习以外，还要独立思考；不能只是死记硬背，应该要把学习到的内容内化成自身能够运用自如的知识。短短的一句话，却能把道理说得十分清楚，言简意赅。

在《论语》一书中，孔子不但告诉我们学习的重要性，还教我们如何安身立命。《论语》中最有名的一段话莫过于学而第一收录的"子曰：学而时习之，不亦说乎？有朋自远方来，不亦乐乎？人不知而不愠，不亦君子乎？"。学习之后在适当的时机加以复习，有朋友从远处特地来探望，都是非常值得高兴的事情。虽然不被人理解却不因此感到生气，才是真正的君子。这段内容告诉我们一个比较理想的生活态度，应该是勤于学习、善于交友，以及宽容大方的。另外，在里仁第四中，孔子提到"见贤思齐焉，见不贤而内自省也"。看到优秀的人就以他为目标而努力，看到有缺点的人就反省自己有没有类似的问题。以接触到的人为借镜，优点要模仿，而缺点要避免。如果能一直抱持着这样的态度，自己的人生就会趋于圆满。

《论语》每段文字篇幅虽短，但是背后有许多值得深思的道理。这也就是《论语》之所以能流传千古的原因吧。在全球化的这个时代中，《论语》的价值不减反增。物质生活的富足让我们反过来注意到精神生活的重要性，而《论语》提供给我们的就是丰富的精神食粮。

Ⅲ 人間関係

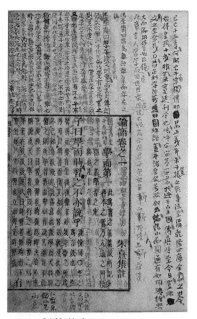

(漢学者三島 中 洲の長年の書き込みが残る
『論語集注』。書き込みし易いように余白を広
くとって印刷されている。)

① 仲弓仁を問う。子曰わく、「門を出でては大賓を見るが如くし、民を使うには大祭に承えまつるが如くす。己の欲せざる所は、人に施すこと勿れ。邦に在りても怨み無く、家に在りても怨み無し」と。仲弓曰わく、「雍不敏なりと雖も、請う、斯の語を事とせん」と。（顔淵篇）

仲弓問仁。子曰、出門如見大賓、使民如承大祭。己所不欲、勿施於人。在邦無怨、在家無怨。仲弓曰、雍雖不敏、請、事斯語矣。 　　　　　　　　　　　　　　　　　　　（→165ページ）

［口語訳］弟子の仲弓が仁について尋ねました。先生がおっしゃいました、「家庭の外では大事なお客様に接するように丁寧に、人々を使役する時は祭りの元締めに仕えるように敬意をもって対応しなさい。自分がして欲しくないことを他人にしてはいけません。国家の事も家庭の事も嫌な気持ちを持たずにすること、それが仁なのだよ」と。仲弓はこう答えました、「私はふつつか者ではありますが、どうか今おっしゃっていただいたことを実践しようと思います」と。
［語句］①仲弓：孔子の門弟の一人。徳行に優れていた。②出門：家を出る。社会では、という意味。③大賓：身分の高い上級の客。④承大祭：王朝規模の祭事を執り行う。ここでは、大切に丁寧に行う、という意味。⑤雍：仲弓の名。自分で自分のことを指して言う。⑥不敏：賢くはない。自己を謙遜して言う表現。

【解説】孔子先生は、仁とは具体的に自らが礼を実践することで手に入るものだという。そして、その仁の根本にある礼の精神を、あ

の有名な「自分の望まないことは、他人にするな」で示している。確かにここに示されているのは、身分の上下も共同体の大小も関係のない、極めて基本的な実践原理である。でも、表面的な思いやりばかりの日常生活では、単に心地よいだけで、自分が本当に望むことも解らなければ、他人が何を望まないのかも知ることができない。ここにはまず人と人との関係がどうあるべきなのかという深い考察が前提となっていることを忘れてはならない。(江藤)

Zhong Gong, asked about benevolence. Confucius answered, "When you are out in society to work with others, you should respect them as if you were welcoming important guests. When you want to have people work for you, you should be as sincere as if you were attending a rite. What you do not wish for yourself, do not impose upon others. Then, when you work in the government or at home, you should not have unpleasant feelings." Zhong Gong became very impressed at hearing what Confucius said, and responded, "I'm still inexperienced, but I'd like to put your teachings into practice in my life."

[構文・文法] ①have people work …:(have 人 動詞) 人に…していただく。②as if …:まるで…であるかのように。
[語句] ①welcome:歓迎する。②important guests:大事な客。③sincere:心からの。④a rite:国家的な行事。⑤impose:押し付ける。⑥unpleasant feeling;不快な気持ち。⑦inexperienced:経験の浅い。未熟な。

② 子貢 友を問う。子曰わく、「忠告して善を以て之を道く。不可なれば則ち止む。自ら辱めらるること無かれ」と。(顔淵篇)

―――――――――――――――――――――――――――――

子貢問友。子曰、忠告而以善道之。不可則止。無自辱焉。
(→165ページ)

[口語訳] 子貢が友人関係について先生に尋ねました。先生がおっしゃいました、「忠告して善に向かうように導きなさい。それができないと分かった時には忠告を止めなさい。聞き入れられない忠告をして自分を辱めることのないように」と。

[語句] ①問友：友人関係について尋ねる。②忠告：誠意を尽くして率直に告げる。③以善道：親切心をもって導く。④自辱：自らを辱めること。

【解説】友人という人間関係についての話である。ここで孔子先生は特に友人との距離について述べていた。親しい関係においても、お互い善い方向に導き合うようでなければならないと。それができない友人は友人ではないのである。そんな誠意が伝わる相手とのみ友という人間関係が築けるというのだ。このことは、SNSなどで口当たりのいいコミュニケーションを交わしたり、あるいは逆に攻撃的な言葉を向けたりする今日のインターネット社会では、極端に言うならば友達なんて要らないのかもしれない。少なくとも、甘え合えるような人間関係は必要ないとだけは言っているのだろう。そんな孤立にも耐えられるしっかりとした自分自身を持っていなければならないのだ。(江藤)

Zi Gong asked Confucius about how to maintain relationship with close friends. Confucius said, "You should advise them to do good. If it appears too difficult, then you should just stop advising. There is no need to disgrace yourself."

［構文・文法］①advise（人）to do …：（人に）…するよう助言する。②stop …ing：…することを止める。③there is no need to …：…する必要はない。

［語句］①how to maintain relationship with close friends：親密な友人との関係を保つ方法。②do good：善いことをする。③appear〜：〜のように見える。④disgrace：面目をつぶす、恥を与える。

◆孔子廟
　学問の神様といえば、日本では菅原道真だが、中国では孔子である。学問の神様として孔子を祀った廟を、中国では文廟と呼ぶ。科挙制度が始まってからは、科挙の合格者も祀るようになった。日本の孔子廟としては、湯島の聖堂が代表だ。もともとは林羅山が築いた先聖殿だったものを、江戸幕府が昌平坂学問所に付設した。それは徳川幕府の学問奨励の象徴となる。このほかに、長崎大浦（長崎）・多久（佐賀）・閑谷学校（岡山）にも孔子廟がある。因みに、文廟は孔子を祀るが、武廟は関羽を祀る関帝廟、こちらは横浜の廟が有名。（牧角）

③ 子曰わく、「利に放りて行えば、怨み多し」と。(里仁篇)

子曰、放於利而行、多怨。　　　　　　　　(→165ページ)

[口語訳] 先生がおっしゃいました、「自分に利益があるかどうかで行動する人は、人から恨まれることが多くなるものだ」と。

[語句] ①放る：「依る」と同じ。②利：自分に利益があること。③多怨：恨まれることが多い。

【解説】孔子先生でなくても、自分の事ばかりの人間には疲れてしまう。この自分ばかりというのが、言わずと知れた利己主義、エゴイズムである。自分勝手な人が嫌われるなんて当然のことだ。でも人に利己主義的な欲が全くないというのも有り得ないのではないか。なぜなら、もしそんな人がいたとしたら、自ら生きるという意欲にも乏しいことにもなるだろう。だから、先生は人間関係の中で限定的に諭しているのだと思う。この先生のこの言葉を逆の順序で言い直すと、他人から恨まれるような、言わば、身勝手な利己主義はよしなさいということになるのだ。今は、自分の利益があったとしてもそれが公益に結びつかないと許されない時代である。公益性や公共性を無視した企業の利益追求などは言語道断である。その根本にある、人間関係における利己主義がここでは批判されていたのだった。(江藤)

Confucius said, "If you act solely based on whether things are to your advantage or not, you will be disliked by others."

[構文・文法] based on …：前置詞onに注意。…に基づいて。
[語句] ①solely：もっぱら。単に。②to your advantage or not：自分に利益があるかどうか。③be disliked by …：…に恨まれる。…に嫌われる。

■四字熟語の基礎知識チェック⑪
次の空欄に適当な漢字を補い四字熟語を完成させよ。また、その意味として最も適当なものを選べ。

是々□々　（荀子）
①日々のんびりと生活を過ごすことで手に入る平穏のこと。
②良いことは良しとし悪いことは悪とする公平な立場での判断。
③これはこれあれはあれと使い分ける都合のいい立場に立つこと。
④あれこれといちいちケチだけをつける発展性のない視点のこと。

答え→159ページ

④　子曰わく、「躬自ら厚くして、薄く人を責むれば、則ち怨みに遠ざかる」と。（衛霊公篇）

子曰、躬自厚、而薄責於人、則遠怨矣。　　　（→165ページ）

［口語訳］先生がおっしゃいました、「自分自身に多くの責任を求め、他人には責任を押し付けない、そんな人は恨まれることはないだろう」と。

［語句］①躬自厚：自分を厳しく責める。②薄責於人：他人を責めることが少ない。③遠怨：恨みから遠ざかる。

【解説】自分には厳しくあるべきだろう。しかし、他人のちょっとした失敗などには目をつぶろうではないか。たとえば、人はまばたきをする。他人の失敗や過ちには時々は目をつぶりなさいということか。でも、自分を見る目にまばたきなどは必要ない。孔子先生は、ここでは自分に甘く他人に厳しい人たちを批判しているのだ。そして、自分のなすべきことに厳しければ、その成し遂げることの難しさも理解できるので、やたらと他人に対して厳しい批判や責任を求めることなどはできないはずだ。自分に厳しければ、当然他人もそれを知ることになる。まずは、他人のせいにしないからだ。そうなると人から恨まれることもない。でも、もともと自分に厳しい人は、他の人にさほど関心が向かないのではないかと思う。(江藤)

Confucius said, "If you are strict with yourself and do not put the blame on others, you won't be hated."

[構文・文法] put the blame on …：…に責任を求める。
[語句] ①strict：厳しい。厳格な。②blame：責任。非難。③be hated：憎まれる。恨まれる。

■漢文の基礎知識チェック（３）

⑥次の下線部の書き下し文として最も適当なものを選べ。
　孔子曰、無友不如己者。（顔氏家訓）
　　①己の如からざる者を友とする無かれ。
　　②友の己に如かざる者無し。
　　③己に如かざる者を友とする無かれ。
　　④友無きは己に如かざる者なり。
　　⑤友の己の如からざる者無し。
　　　　　　　　　　　　　　　　　　　　　　　　　　　［愛知大学］

⑦次の下線部の書き下し文として最も適当なものを選べ。
　死馬且買之。況生者乎。（史記）
　　①死馬すら且（か）つ之を買ふ。況（いは）んや生ける者をや。
　　②死馬すら且（まさ）に之を買はんとす。生に況ぶる者ならんや。
　　③死馬は且（しばら）く之を買はん。況に生ける者をや。
　　④死馬は且（しばら）く之を買はん。況（いは）んや生ける者ならんか。
　　⑤死馬は且（か）つ買ひて之く。況（きょうせい）生なる者か。
　　　　　　　　　　　　　　　　　　　　　　　　　　　［成蹊大学］

答え→159ページ

⑤ 子曰わく、「其の身正しければ、令せざれども行わる。其の身正しからざれば、令すと雖も従わず」と。(子路篇)

子曰、其身正、不令而行。其身不正、雖令不従。

(→165ページ)

[口語訳] 先生がおっしゃいました、「正しい行いをする人は、命令しなくても人々はついてくる。正しい行いができない人は、命令しても人はついてこない」と。

[語句] ①其身：自分自身の姿。②令：命令をする。

【解説】この言葉は、政治家や役人などの、いわゆる人の上に立つ場合の話である。孔子先生は、まず上に立つ者が正しくなければならないという。正しければ、人は皆つき従うものだと。でも現実は、うまい話や都合のよい話で愚かな人たちを従わせることが多いかもしれない。今も昔も、口の上手いだけの政治家やワイロで動く役人がいて、組織の大小にかかわらず、正しさを見抜けない愚衆も多いだろう。不正に関するニュースや話題は尽きることがないようにも思える。そうであっても、正しくあることは、上に立つ者だけでなく、すべての者に当てはまることなのである。そして言外に、正しいことに従わない人々がどのような末路を辿ろうとも、それは自己責任だと言っているのだろう。そして、正しさは絶対的なものではないので、いつもそれは正しいことであるのかどうかも問い直す必要がある。正しくあることは、そう簡単ではないと、愚痴の一つでも口にしたくなるのは私だけか。(江藤)

Confucius said, "A gentleman conducts him or herself properly. If you do your job properly, you won't have to order others and they will just follow you. Contrarily, if you do not behave properly, even if you make the orders, others won't listen to you."

［構文・文法］Contrarily：（文修飾副詞）反対に。逆に。
［語句］①conduct him or herself properly：正しい行いをする。②order：命令をする。③follow：従う。④listen to …：…に耳を傾ける。

◆中島敦『弟子』①「子路」から見た師「孔子」（一）

　中島敦（1909〜1942）の小説『弟子』（1943）は、登場する弟子の視点を用いながら「孔子」像が語られる、『論語』等中国古典を出典とした作である。武を好み素直な弟子「子路」の入門から死に至るまでを物語時間として、「子路」視点を多用した「孔子」像がここでは描かれていた。まずは、物語の中の子路が語る「孔子」像を見ていただきたい。

『このような人間を、子路は見たことがない。力千鈞の鼎を挙げる勇者を彼は見たことがある。明千里の外を察する智者の話も聞いたことがある。しかし、孔子に在るものは、決してそんな怪物めいた異常さではない。ただ最も常識的な完成に過ぎないのである。知情意のおのおのから肉体的の諸能力に至るまで、実に平凡に、しかし実に伸び伸びと発達した見事さである。一つ一つの能力の優秀さが全然目立たないほど、過不及無く均衡のとれた豊かさは、子路にとって正しく初めて見る所のものであった。闊達自在、いささかの道学者臭も無いのに子路は驚く。この人は苦労人だなとすぐに子路は感じた。可笑しいことに、子路の誇る武芸や膂力においてさえ孔子の方が上なのである。ただそれを平生用いないだけのことだ。侠者子路はまずこの点で度胆を抜かれた。−略−とにかく、この人はどこへ持って行っても大丈夫な人だ。潔癖な倫理的な見方からしても大丈夫だし、最も世俗的な意味から云っても大丈夫だ。』

（『弟子』（二）より（一部省略））（江藤）

⑥ 顔淵・季路侍す。子曰わく、「盍ぞ各爾の志を言わざる」と。子路曰わく、「願わくは車馬衣軽裘を、朋友と共にし、之を敝りて憾み無からん」と。顔淵曰わく、「願わくは善に伐ること無からん、労を施すこと無からん」と。子路曰わく、「願わくは子の志を聞かん」と。子曰わく、「老者は之を安んじ、朋友は之を信じ、少者は之に懐く」と。(公冶長篇)

顔淵・季路侍。子曰、盍各言爾志。子路曰、願車馬衣軽裘、与朋友共、敝之而無憾。顔淵曰、願無伐善、無施労。子路曰、願聞子之志。子曰、老者安之、朋友信之、少者懐之。

(→165ページ)

[口語訳]顔淵と子路が孔子先生の側にいました。先生がおっしゃいました、「君たち、それぞれの願望を言ってごらん」と。子路が言いました、「車や馬や外套を友達同士で共有し、誰かが使って傷んだからといって恨まないようにありたいです」と。顔淵が言いました、「善い行いをしたからといって誇らず、また嫌なことも労を惜しまない、という風にありたいです」と。子路が尋ねました、「先生はどうなんですか」と。先生がおっしゃいました、「年取った人には安らぎを与え、友人からは信頼され、若者には親しみを持ってもらえるような人でありたい」と。

[語句]①侍す:側にいること。②爾志:君たちの志。③願:〜したいと思う。④敝:ぼろぼろになるまで着る。⑤伐:誇る。⑥施労:嫌なことを他人に押し付ける。⑦安:安心をする。⑧懐:なつく。

【解説】孔子先生は二人の弟子たちとの会話の中で、彼ら弟子たちに具体的に自分が目指している境地や事柄を並べさせた。軽快な弟子子路は明るく仲間との助け合う関係を答え、学問好きの弟子顔淵は自分が優秀であるためなのだろうか、謙虚さの必要を答えた。共に、孔子先生は彼らそれぞれの個性に適った答えに満足しながらも、先生らしく各世代の人たちに向けて、自らが考える信念をいう。先輩、同輩、後輩それぞれの世代に細やかな安心感や信頼を与える者でありたいという志は、弟子たちの目指しているものもまた大きく包み込んでいたのである。(江藤)

Yan Yuan and Zi Lu were sitting by Confucius' side. Confucius said, "Feel free to tell me about your ambition." Zi Lu said, "I'd like to share my carriage and overcoat with my friends, and not regret it even if they become worn out." Yan Yuan said, "I'd like to be humble even when I do something good. I won't ask others to do something I don't want to do myself." Then, when Yan Yuan asked what Confucius should do, he said, "I'd like to have older people feel comfortable, have my friends feel they can rely on me, and have young people feel attached to me."

[構文・文法] feel free to …：遠慮なく…しなさい。〈例文〉Feel free to ask any question!（どんな質問でもご自由にどうぞ）
[語句] ①share：共有する。②carriage：車や馬。③become worn out：着古す。④humble：控えめな。気取らない。⑤myself：自分で。⑥rely on …：…を信頼する。⑦feel attached to me：私を慕ってくれる。

⑦ 子游曰わく、「君に事えて 数 すれば、斯に 辱 めらる。朋友に 数 すれば、斯に疏んぜらる」と。(里仁篇)

子游曰、事君数、斯辱矣。朋友数、斯疏矣。　(→164ページ)

[口語訳] 子游が言いました、「君主に仕えて口うるさく忠告すると、却って辱めを受けます。友人に対しても忠告が過ぎれば、うるさがられて軽視されます」と。

[語句] ①事君：君に仕える。②数：責める。忠告する。③疏：疎遠にされる。

【解説】孔子先生の弟子で、孔門十哲（孔子先生の最も優れた十人の弟子）の一人である子游の言葉だという。上下関係においても、また同輩であっても、相手に忠告やアドバイスをする場合、せっかちであっても、しつこくしてもだめなのだというのだ。まずは、相手に応じて効果的でなければならない。納得できるようなそれぞれに応じた距離感やわきまえ、そしてそれなりの信頼のための時間の経過すら必要なのだろう。もちろん、すぐに信頼関係が生まれ、お互いに何でも言うことができる場合もあるのだろうが、ここはひとまず一般論として考えたほうがいいのだろう。何事もせっかちであることはよくない。そしてそれぞれが自分の立場をわきまえたうえでの交流が望ましいことは確かである。それにしても、せっかちにならないで、対象に関心を向けることは、かなり難しいのではないだろうか。いや、「君」や「朋友」だからこそ、そうでなければならないと言われているのだ。(江藤)

Zi You said, "If you express too many opinions to your boss in the workplace, you'll run the risk of being neglected and despised. If you advise your friends too often, you'll be disliked rather than thanked."

［構文・文法］A rather than B：BよりはむしろAだ。
［語句］①workplace：職場。②run the risk of …：…という危険を冒す。③neglect：軽視する。無視する。④despise：軽蔑する。

◆中島敦『弟子』②「子路」から見た師「孔子」（二）
　この『弟子』では、一途な弟子「子路」の師へ向けられる敬意の大きさは、年齢的には「九歳の年長」でしかないが、そこには「無限の距離」があるものとして語られていた。

『後年の孔子の長い放浪の艱苦を通じて、子路ほど欣然として従った者は無い。それは、孔子の弟子たることによって仕官の途を求めようとするのでもなく、また、滑稽なことに、師の傍に在って己の才徳を磨こうとするのでさえもなかった。死に至るまで渝らなかった・極端に求むる所の無い・純粋な敬愛の情だけが、この男を師の傍に引留めたのである。かつて長剣を手離せなかったように、子路は今は何としてもこの人から離れられなくなっていた。
　その時、四十而不惑といった・その四十歳に孔子はまだ達していなかった。子路よりわずか九歳の年長に過ぎないのだが、子路はその年齢の差をほとんど無限の距離に感じていた。』（『弟子』（二）より）（江藤）

⑧ 子張　行われんことを問う。子曰わく、「言は忠信、行は篤敬なれば、蛮貊の邦と雖も行われん。言の忠信ならず、行の篤敬ならざれば、州里と雖も行われんや。立てば則ち其の前に参なるを見るなり。輿に在れば則ち其の衡に倚るを見るなり。夫れ然して後に行われん」と。子張　諸を紳に書す。(衛霊公篇)

子張問行。子曰、言忠信、行篤敬、雖蛮貊之邦行矣。言不忠信、行不篤敬、雖州里行乎哉。立則見其参於前也。在輿則見其倚於衡也。夫然後行。子張書諸紳。

(→164ページ)

[口語訳] 子張が「行われる」とはどういうことか尋ねました。先生がおっしゃいました、「言葉に真心と信頼があり、行動に誠実さと篤実さがあれば、蛮族の国でも行われる。言葉に真心と信頼がなく、行動に誠実さと篤実さがなければ、村や町でも行われない。立っている時はその信頼と誠実とが目の前に、車に乗っていればその信頼と誠実とが横木に依りかかっているように、存在そのものが信頼と誠実とに一体化するときはじめて、行われる、ということだね」と。子張はこの言葉を帯の端に書き留めた。

[語句] ①行：自分の主張が実行されること。②言忠信：言葉が誠実で嘘がない。③行篤敬：行動が真面目で恭しい。④蛮貊：野蛮な人々。⑤州里：小さな行政単位。⑥参：参画する。⑦輿：古代の車。⑧衡：車の横木。⑨書：書き付ける。

【解説】孔子先生は、広く人々の間に正しいことが行われるための基本原理を語っていた。それが「言忠信」(まごころある嘘のない言葉)であり、「行篤敬」(真面目で慎みのある行動)なのだ。上下の身分も文化的な距離も関係なく、皆がそうした忠や信のある言葉でコミュニケーションをもって、さらに誠実でお互いに敬意を払えるような行為行動をするならば、理想世界が実現できるのだという。嘘をついては自分だけが前に出て利益を得ようとする、そんな現実の風景はきっと昔から変わらないのだろう。だからこそ、先生が理想とする社会の基本原理は、子張の心だけでなく、私たちの心にも響くのかもしれない。これを読んだ私たちだけでもこの「忠信篤敬」を心に書き記そうではないか。(江藤)

Zi Zhang asked about how to have one's ideas put into action. Confucius responded, "If what you say and do are sincere and reliable, even uncultivated people in the countryside will believe you. However, if what you say and do are not true or responsible, even the people in your hometown would not listen to you. You can have your ideas put into action only when sincerity and responsibility are as natural to you as something that is always in front of you when you walk and something that is on the crossbar of wheels when you take ride on a carriage." Zi Zhang became very impressed, and he wrote these ideas on the edge of his band, which he made his motto.

[構文・文法] would not listen to you：君の言うことを決して聞こうとしない。
[語句] ①put into action：物事を行う。②sincere and reliable：誠実で

信頼に足る。③uncultivated people：粗野で洗練されていない人々。④a crossbar：横木。⑤motto：座右の銘。

◆中島敦『弟子』③「いまだ生を知らず。いずくんぞ死を知らん」

「孔子」の「いまだ生を知らず。いずくんぞ死を知らん」（先進篇）が、弟子たちとの交流のなかで登場する。そして、この孔子の言葉への興味と理解とが「子路」の立場から描かれていた。

『子貢が孔子に奇妙な質問をしたことがある。「死者は知ることありや？ 将た知ることなきや？」死後の知覚の有無、あるいは霊魂の滅不滅についての疑問である。孔子がまた妙な返辞をした。「死者知るありと言わんとすれば、まさに孝子順孫、生を妨げてもって死を送らんとすることを恐る。死者知るなしと言わんとすれば、まさに不孝の子その親を棄てて葬らざらんとすることを恐る。」およそ見当違いの返辞なので子貢は甚だ不服だった。もちろん、子貢の質問の意味は良く判っているが、あくまで現実主義者、日常生活中心主義者たる孔子は、この優れた弟子の関心の方向を換えようとしたのである。

子貢は不満だったので、子路にこの話をした。子路は別にそんな問題に興味は無かったが、死そのものよりも師の死生観を知りたい気がちょっとしたので、ある時死について訊ねてみた。

「いまだ生を知らず。いずくんぞ死を知らん。」これが孔子の答であった。「全くだ！」と子路はすっかり感心した。しかし、子貢はまたしても鮮やかに肩透しを喰ったような気がした。それはそうです。しかし私の言っているのはそんな事ではない。明らかにそう言っている子貢の表情である。』（『弟子』（八）より）（江藤）

◆中島敦『弟子』④子路の死

最終章で「子路」の最期とそれを悲しむ「孔子」が描かれていた。

『子路は群衆の背後から露台に向って大声に叫んだ。孔悝を捕えて何になるか！孔悝を離せ。孔悝一人を殺したとて正義派は亡びはせぬぞ！
(略)
　既に薄暮のこととて庭の隅々に篝火が燃されている。それを指さしながら子路が、「火を！　火を！」と叫ぶ。「先代孔叔文子（圉）の恩義に感ずる者共は火を取って台を焼け。そうして孔叔を救え！」
　台の上の簒奪者は大いに懼れ、石乞・盂黶の二剣士に命じて、子路を討たしめた。
　子路は二人を相手に激しく斬り結ぶ。往年の勇者子路も、しかし、年には勝てぬ。次第に疲労が加わり、呼吸が乱れる。子路の旗色の悪いのを見た群集は、この時ようやく旗幟を明らかにした。罵声が子路に向って飛び、無数の石や棒が子路の身体に当った。敵の戟の尖端が頬を掠めた。纓（冠の紐）が断れて、冠が落ちかかる。左手でそれを支えようとした途端に、もう一人の敵の剣が肩先に喰い込む。血が迸り、子路は倒れ、冠が落ちる。倒れながら、子路は手を伸ばして冠を拾い、正しく頭に着けて素速く纓を結んだ。敵の刃の下で、真赤に血を浴びた子路が、最期の力を絞って絶叫する。
「見よ！　君子は、冠を、正しゅうして、死ぬものだぞ！」
　全身膾のごとくに切り刻まれて、子路は死んだ。
　魯に在って遥かに衛の政変を聞いた孔子は即座に、「柴（子羔）や、それ帰らん。由や死なん。」と言った。果してその言のごとくなったことを知った時、老聖人は竚立瞑目することしばし、やがて潸然として涙下った。子路の屍が醢にされたと聞くや、家中の塩漬類をことごとく捨てさせ、爾後、醢は一切食膳に上さなかったということである。』（『弟子』
（十六）より）注：子路の姓は仲、名は由。（江藤）

⑨ 子貢曰わく、「如し博く民に施して、能く衆を済う者有らば、何如。仁と謂うべきか」と。子曰わく、「何ぞ仁を事とせん。必ずや聖か。尭舜も其れ猶お諸を病めるか。夫れ仁者は、己立たんと欲して人を立て、己達せんと欲して人を達す。能く近く譬えを取る。仁の方と謂うべきのみ」と。

(雍也篇)

子貢曰、如有博施於民、而能済衆者、何如。可謂仁乎。子曰、何事於仁。必也聖乎。尭舜其猶病諸。夫仁者、己欲立而立人、己欲達而達人。能近取譬。可謂仁之方也已。

(→164ページ)

[口語訳] 子貢が尋ねました、「もし人々に広く施し、多くの民衆を救うことのできる者がいたとすれば、どうでしょう。それを仁と言っても良いでしょうか」と。先生がおっしゃいました、「それは仁ということを超えて聖と言っていいでしょう。尭、舜のような聖人でさえ、そうなれないことを苦にしていたのです。そもそも仁というものは、自分が立ちたい時でも人を立て、自分が手に入れたいと思っても人の手に入れさせる。他人の事を切実に感じることのできることを、仁の道だと言うのだよ」と。

[語句] ①博：広い。②施す：恩恵を与える。③何事於仁：仁どころではない。④聖：聖人。⑤病む：憂える。⑥立つ：自分が立つ。⑦達する：実現する。

【解説】子貢は仁の内容について、孔子先生に質問をした。民衆を

救う者は仁の者なのか、と。先生は、それは聖人だと断じる。つまり、その結果が評価される理想の聖人と、現実に到達を目指すべき仁の者とを区別しているのだ。凡庸な私たちが目指すべき仁の者というのは、いわば謙虚さのことで、もし自分と同じ考えを持つ他者がいたならば、まずその他者を自分よりも前に出すことなのだという。この謙虚さこそが仁の証明なのだという。ただ、この謙虚さには他者の能力を見抜く力も必要となる。そこが重要なのだという。もちろんただの引っ込み思案やお間抜けさんとは違うのだ。やれやれ、「仁の道」もまた凡庸な私たちには遠いのであった。（江藤）

Zi Gong asked, "If there is someone who can benefit and save a lot of people, can you call him or her a person with benevolence?" Confucius replied, "A person who could do that is above the level of a person with benevolence and should be called a saint.. We had two people, Even Yao and Shun, the two famous saints, found that difficult. A person with benevolence is someone who puts others'need in priority. When he wants to stand up, he would try to help those who would also like to stand up first. When he wants something, he would try to help others who also want to get the thing first. In other words, what we call the way to live as a person with benevolence is to have the ability to empathize with others."

［構文・文法］in other words：言い換えれば。つまり。
　［語句］①benefit：利益・恩恵を与える。②a person with benevolence：仁を備えた人物。③a saint：聖人。④put …in priority：…を優先する。⑤empathize：共感する。感情移入する。

⑩ 樊遅 仁を問う。子曰わく、「居処は恭、事を執りて敬、人と与わりて忠なれ。夷狄に之くと雖も、棄つべからず」と。（子路篇）

樊遅問仁。子曰、居処恭、執事敬、与人忠。雖之夷狄、不可棄也。
(→164ページ)

[口語訳] 樊遅が仁について尋ねました。先生がおっしゃいました、「家で寛いでいるときは恭しく、仕事をするときには敬意をもって、人と交わるときは忠実に。この恭、敬、忠の三つは未文化の土地に行ったとしても、捨ててはいけないのだ」と。

[語句] ①居処：家庭でのんびりしている。②恭：態度がきちんとしている。③執事：仕事をする。④与人：人と付き合う。⑤夷狄：文化のない未開の国。⑥棄：捨て去る。

【解説】ここでも、弟子の樊遅に孔子先生が仁とは何かについて答えられていた。十哲以外の弟子なので、ややわかりやすく説明したのかもしれない。それをさらにわかりやすくするために、ここでは「居処恭」「執事敬」「与人忠」という仁の要素を、その逆の意味に解釈してみようと思う。そうすれば、孔子先生の説明もさらに具体的なイメージが手に入るようになるだろう。たとえば、「居処恭」の逆は、日常でのわがままし放題のことか。また「執事敬」の逆は、仕事では何事にも敬意を払わないで一人でやっているのだとうぬぼれることか。そして「与人忠」の逆は、人間関係では皆を裏切ることか。そのような皆から嫌われる要素を並べてみると、そんな人、いるよな、ということになる。まさにそれらを真逆にしたのが仁なのである。だからこそ、私たちは「仁」をめざすべきなのだ。（江藤）

Fan Chi asked Confucius about benevolence. Confucius said to him, "When you are at home, be humble. When you are at work, be respectful. When you're along with people, be faithful. You should always follow these principles even when you're not in a civilized society."

[語句] ①humble ：謙虚な。控えめな。②respectful：丁重な。敬意を表する。③faithful：誠実な。忠実な。④civilized：文明化された。

■四字熟語の基礎知識チェック⑫
　次の空欄に適当な漢字を補い四字熟語を完成させよ。また、その意味として最も適当なものを選べ。
　□善如水　（老子）
　　①理想的な生き方は水のように自己主張しないで自在であることだ。
　　②善良な行為は水のようにあっさりとしていて誰の負担にもならない。
　　③おいしい酒というものは水を飲んだときのように酔うことはない。
　　④良質な善行は水のように地上に染み込みやがて豊かな大地を創る。
　　　　　　　　　　　　　　　　　　　　　　　　答え→159ページ

⑪ 子張 仁を孔子に問う。孔子曰わく、「能く五つの者を天下に行うを仁と為す」と。請う之を問わん。曰わく、「恭、寛、信、敏、恵なり。恭なれば則ち侮られず、寛なれば則ち衆を得、信なれば則ち人任じ、敏なれば則ち功有り、恵なれば則ち以て人を使うに足る」と。（陽貨篇）

子張問仁於孔子。孔子曰、能行五者於天下為仁矣。請問之。曰、恭寛信敏恵。恭則不侮、寛則得衆、信則人任焉、敏則有功、恵則足以使人。 　　　　　　（→163ページ）

［口語訳］子張が先生に仁について尋ねました。先生がおっしゃいました、「五つのことを天下中に行うことのできることだよ」と。子張がそれは何ですかと尋ねました。先生がこうおっしゃいました、「それは、恭、寛、信、敏、恵の五つです。恭であれば侮られないし、寛であれば人々から信頼されます。信であれば人が任せてくれるし、敏であれば功績を得られる。恵であれば人々はついてきます」と。

［語句］①能く：十分に行う。②恭：自分を慎む。③寛：寛大である。④信：言行一致である。⑤敏：行動が敏捷である。⑥恵：部下に対して愛情深い。

【解説】これもまた仁についての孔子先生の説明である。ただ、子張も孔門十哲には入っていない。子張の評価は高いが仁に至っていないのだとも言われている。だからこそ、ここでの先生の言葉はより具体的なのかもしれない。先生は五つの具体的な言葉で仁の内容

を説明していた。つまり、「恭」、「寛」、「信」、「敏」、「恵」を並べていたのである。これらは、子張を実務家として見ていたのか、上に立って仕事をする人のための、わかりやすい行うべきことであった。ここでの仁は、謙虚さや度量の広さ、そして信頼性だけでなく、「敏」という実行力や「恵」という経営力も示されていたのだ。だからか、この章句は企業の管理職セミナーなどにも取り上げられる個所である。さて、ここでは人間関係における自己管理能力として学ぶべきものを手に入れよう。(江藤)

Zi Zhang asked Confucius about benevolence. He answered, "It means to let 5 things spread in the world." Then the disciple asked again, "Could you tell me about them?" Confucius said, "OK, I'll explain them to you. If you are respectful, people will not make light of you. If you are generous, people around you will support you. If your words agree with your deeds, they will believe you. If you do your work efficiently, you will have great results. If you are benevolent, people around you will be grateful to you."

[構文・文法] ①let …do（動詞の原形）～：…を～の状態にする。使役の用法。②Could you …?：couldを使うと丁寧な表現になる。…していただけませんか？③A agree with B：AとBが一致する。

[語句] ①spread：広がる。②respectful：人に敬意を表する。丁重な。③make light of …：…を軽んじる。…を意に介さない。④deed：行動。⑤efficiently：効率よく。⑥benevolent：仁の慈悲深い。親切な。⑦grateful to …：…に対してありがたく思う。…に感謝する。

Sage ou philosophe ?

Mathias Vigouroux

La question de savoir si Confucius était un sage ou un philosophe au sens occidental du terme peut paraître saugrenue alors qu'il est devenu un emblème de l'identité chinoise depuis son retour en grâce officialisé par le Parti Communiste chinois au début des années 1980 et au regard du rayonnement de sa pensée en Asie de l'Est depuis plusieurs millénaires. Cette question est pourtant au centre d'un intense débat qui s'est instauré depuis un an entre intellectuels américains, par journaux interposés, articles de blog et sur les réseaux sociaux.

Le point de départ fut un article publié le 11 mai 2016 dans les pages "Opinion" du *New York Times* et signé par Jay L. Garfield et Bryan W. Van Norden, deux professeurs d'université, le premier spécialiste de la pensée bouddhiste au Smith College et le deuxième spécialiste de la pensée chinoise au Vassar College. Ils s'interrogeaient sur la sous-représentation des pensées non européennes dans les départements de philosophie des universités américaines, soulignant, par exemple, que seulement dix pour-cent des cent dix-huit programmes doctoraux en philosophie aux États-Unis avaient un spécialiste de la pensée chinoise au sein de leur département. Ils rappelaient aussi que jusqu'à présent peu d'efforts avaient été faits pour élargir le corpus des textes étudiés aux traditions philosophiques non européennes pour offrir, par exemple, des cours sur les pensées africaines, indiennes, islamiques, juives, etc. Pour résumer en un mot, ils accusaient les départements de philosophie aux États-Unis d'être eurocentriques et suggéraient de manière provocatrice que désormais tout département proposant à ses étudiants uniquement des cours de philosophie occidentale soit renommé « département de philosophies européenne et américaine ». Enfin, soulignant l'importance des pensées non européennes dans l'histoire mondiale de la philosophie, leur persistance dans le monde contemporain, mais aussi le nombre en constante augmentation d'étudiants dans les universités américaines d'origine non européenne, ils pressaient leurs collègues de diversifier leurs recherches et leurs enseignements.

Cet article suscita dans les mois qui suivirent sa parution de multiples réactions, qui, soit critiquaient les auteurs, soit, au contraire, soutenaient leur appel en faveur d'une philosophie multiculturelle. Un des points principaux du débat portait sur le sens même du mot philosophie.

Certains intellectuels justifiaient par exemple l'absence de cours sur la pensée chinoise dans les départements de philosophie en expliquant que le mot philosophie dérivait du grec ancien, philo (amour, amateur) et sophia (sagesse, savoir), signifiant littéralement amour de la sagesse ou amour du savoir. Cette recherche incessante de la vérité à travers le dialogue trouvait son origine dans *La République* de Platon, qui était selon eux le texte fondateur de la philosophie européenne. Ainsi demander que les départements de philosophie soient renommés départements de philosophie européenne était tout simplement redondant puisque le mot philosophie faisait déjà référence intrinsèquement à la pensée grecque.

D'autres soulignaient que, par ailleurs, les classiques de la philosophie occidentale constituaient les fondements mêmes de concepts tels que ceux des droits de l'homme, des libertés civiques ou encore des gouvernements en vigueur en Europe et en Amérique du Nord, ce qui justifiait donc pleinement qu'ils soient enseignés en priorité aux étudiants américains au détriment d'autres traditions philosophiques. Ainsi, même s'ils reconnaissaient l'importance de dialoguer avec des chercheurs spécialistes de traditions religieuses et morales différentes des leurs, il leur paraissait injustifié que des connaissances sur les pensées islamiques, indiennes ou chinoises deviennent une condition préalable à un doctorat en philosophie aux États-Unis.

Au regard de ces nombreuses critiques, Jay L. Garfield et Bryan W. Van Norden avaient clairement pointé une des faiblesses des départements de philosophie, à savoir leur manque de diversité culturelle. Le plus frappant dans ces échanges était que ceux qui doutaient de l'existence d'une philosophie autre qu'européenne reconnaissaient ne pas avoir lu les penseurs chinois. Lors d'un échange sur Twitter avec Van Norden à propos de Han Feizi, un des grands penseurs de l'école chinoise des légistes, Nicholas Tampio, professeur en science politique à l'université Fordham et auteur d'une réponse à l'article du *New York Times* parue dans le magazine web *Aeon*, admettait, par exemple, qu'il tirait ses connaissances sur la pensée chinoise d'une ou deux sources secondaires écrites par des chercheurs qui eux-mêmes n'étaient pas philosophes. Les défenseurs d'une origine européenne de la philosophie présupposaient donc que la pensée chinoise n'était pas philosophique ou bien que les penseurs chinois n'étaient pas philosophes sans même connaître leurs écrits. Pour ceux qui suivaient ces débats, le classement général des systèmes de pensée qu'ils établissaient ne pouvait donc apparaître qu'ethnocentrique.

L'envergure historique du confucianisme n'a pourtant rien à

envier à la philosophie occidentale. En effet, les enseignements du confucianisme se sont transmis au fil des siècles à travers une masse d'écrits qui ont circulé en Chine mais aussi dans les pays voisins, notamment la Corée et le Japon, et dont l'influence sur ces pays se ressent encore aujourd'hui. Il serait d'ailleurs bien difficile de démontrer en quoi l'argument du rêve exposé dans le *Zhuangzi*, un texte rédigé pendant la période des Royaumes combattants, serait moins une réflexion philosophique que le rêve de Descartes dans ses *Méditations métaphysiques*.

Ce débat a clairement souligné le besoin urgent d'un enseignement à l'université d'une philosophie multiculturelle qui tienne compte des réalités du monde dans lequel nous vivons et ne cherche pas à répondre à un agenda politique particulier prônant l'exclusion plutôt que l'ouverture. Il ne s'agit pas d'évaluer les différentes traditions philosophiques mais plutôt de les faire dialoguer selon un principe de parité qui écarterait tout présupposé établissant une hiérarchie des systèmes de pensées.

Références :

Bryan W. Van Norden et Jay L. Garfield, « If Philosophy Won't Diversify, Let's Call It What It Really Is », *New York Times*, 11/05/2016, https://www.nytimes.com/2016/05/11/opinion/if-philosophy-wont-diversify-lets-call-it-what-it-really-is.html (consulté le 22/12/2017).

Bryan W. Van Norden, « The Debate over Multicultural Philosophy », https://storify.com/BryanVanNorden/getting-started (consulté le 22/12/2017).

Bryan W. Van Norden, « Part II of the Debate over Multicultural Philosophy », https://storify.com/BryanVanNorden/the-debateover-multicultural-philosophy-part-ii (consulté le 22/12/2017).

Marie Tessier, « Should Philosophy Departments Change Their Names? Readers Join the Debate », *New York Times*, 17/05/2016, https://takingnote.blogs.nytimes.com/2016/05/17/should-philosophy-departments-change-their-names-readers-join-the-debate/ (consulté le 22/12/2017).

Nicholas Tampio, « Not all things wise and good are philosophy », *Aeon*, 13/09/2016, https://aeon.co/ideas/not-all-things-wise-and-good-are-philosophy (consulté le 22/12/2017).

IV 生き方

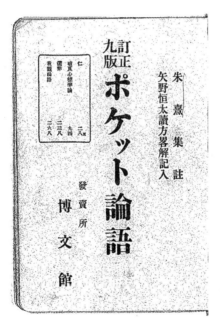

(医師で第一生命の創業者矢野恒太が、1907年に社会教育のために出版した『ポケット論語』。)

① 子曰わく、「過ちて改めざる、是を過ちと謂う」と。(衛霊公篇)

子曰、過而不改、是謂過矣。　　　　　　（→163ページ）

[口語訳] 先生がおっしゃいました、「間違いだと気付いたのにそれを改めないのが、本当の間違いだ」と。

[語句] 過つ：間違ったことをする。

【解説】孔子先生は、実は一番難しいことを言う。ほんの少しだけ勇気を出せば、誰でもいい方向に生き方を変えることができるのだと。そして、ここにおまじないのような言葉を残した。人は誰もが過ちを犯す。そのことを責めはしない。その過ちを改めさえすれば、その後の人生は大きく変わるよ、というのだ。誰にでもプライドがあるからだろう、自分の過ちを過ちと認めない人たちは多い。それは仕方がないことなのかもしれないけれど、そこからは何も始まらないのだ。また『易経』にも、「君子豹変す、小人は面を革む」（君子が過ちを改めることは、豹のはっきりとした模様のようだ。しかし小人はただ外見だけを改める。）とある。口先だけの反省や言いわけは簡単かもしれない。でも、勇気を出して「改め」なければならないのだ。(江藤)

Confucius said, "We often make mistakes, but not correcting them is the true mistake."

［構文・文法］not correcting …：動名詞の否定「…を訂正しないこと」
［語句］make a mistake：間違いをする。

◆孟子
　諸子百家の一つに過ぎなかった儒家の思想を、体系化しプロモートしたのが孟子（前372〜前289）である。孔子の孫の子思の次の代のころの人だ。人の心に本来ある善なる性を大きく伸ばすことで、世の中の統治と秩序を整えようとしたのだ。その主張を集めた『孟子』は、『論語』が短い警句が中心であるのと対照的に、きわめて論理的で説得的な主張が展開される。宋代の朱子学になると、『論語』と同レベルの教えとして重視され、四書の一つになり、孟子は亜聖（聖人孔子に次ぐ立派な人）と呼ばれるようになった。（牧角）

② 子曰わく、「巧言令色、鮮し仁」と。(学而篇)

子曰、巧言令色、鮮矣仁。　　　　　　　　(→163ページ)

［口語訳］先生がおっしゃいました、「口先のうまさや人当たりのよい外貌といったものには、本当の誠意は少ないんだよ」と。

［語句］　①巧言：口先だけのうまい言葉。②令色：うわべだけの飾り。③鮮し：少ない。

【解説】お世辞などの言葉巧みな人は、それでも少しは相手のいいところを見ようとしていることになる。少なくとも悪い言葉を他人に向けるわけではない。ただ心が伴わっていないことをお世辞というのだろう。が、それにすら励まされるような辛い場合だって人にはままあるのだ。だから孔子先生は、そんな口先だけの人を「鮮矣仁」というのだろう。「仁」がまったくないとは言わないのだと、つい解釈したくなる。まあ、ほとんどないと先生は言っているのだけど。批判すべきは、「仁」がないことなのだけど、言葉は怖いものである。誰だって「仁」がなくても、お世辞に浮かれてしまうことだってあるはずだ。言葉に心は必ずしも貼り付いてはいない。いい言葉には、いい心が貼り付いていると思いたい。誰もそれが「巧言令色」だとは思いたくはないのだ。では、それと知るには何が必要かと言えば、己がどれほどのものかを知ることである。(江藤)

Confucius said, "People who are flattery and put on a smile all the time tend to have little virtue."

［構文・文法］little virtue：littleの意味に注意する。否定に近い。徳がほとんどない。
［語句］①flattery：お世辞。おべっか。②tend to …：…する傾向がある。③virtue：美徳。

◆孔子と食べ物
　『論語』の郷党篇には、食べ物に対する孔子のコメントが多く載せられている。腐ったものは食べない、色の悪いものは食べない、旬でないものは食べない、切り方がまずいものは食べない。また、食べ方にもいろいろ注意がある、たくさん食べ過ぎない、食べている時にしゃべらない、三日以上お供えした肉は食べない、などなど。また山鳥の雉を手に入れて食事に供してくれた子路に対して、三回匂いをかいだだけで食べなかった、という記事もある。孔子はグルメだったのだろうか。そうではない。食事の作法は人間の品格を表すものとしてとても重要なのだ、と孔子は思っていたのだ。（牧角）

③ 子曰わく、「君子は和して同ぜず。小人は同じて和せず」と。(子路篇)

子曰、君子和而不同。小人同而不和。　　　(→163ページ)

[口語訳] 先生がおっしゃいました、「君子は調和はするけれど徒党は組まない。小人は徒党を組むばかりで本当の調和はしない」と。
[語句] ①和：調和すること。②同：一体化すること。

【解説】孔子先生の「和」と「同」について、「和」は理念的な共同性、「同」は利益的な共同性と言い換えることができるのだろうか。つまらない人たちほど、簡単に徒党を組むものである。目先のつまらない利益を求めるからだ。もともと、理念や理想などの価値意識が薄いので、そうした利益を求める徒党＝共同性を組みやすいと言える。それに対して、君子という生き方は違うというのだ。君子は、思想や理念に関しては他の人たちのそれらとの共感や理解を持つことはあっても、目先の利益などで仲間になることなどないというのだ。また、同じように「君子」と「小人」とを比べて、「君子は周して比せず、小人は比して周せず」(君子は広く公平であってへつらうことはしないが、小人はへつらうばかりで公平ではない) (為政篇) とある。これも同じ君子のあるべき姿を説いている。(江藤)

Confucius said, "A gentleman can get along with others well but do not agree with others easily. Contrarily, a virtueless man appears as if he had the same opinion, but he does not harmonize with them."

［語句］①get along with …：…と付き合う。…と交際する。②virtueless：徳のない。③harmonize with …：…と調和する。

■四字熟語の基礎知識チェック⑬
次の空欄に適当な漢字を補い四字熟語を完成させよ。また、その意味として最も適当なものを選べ。
□視眈々　（易経）
①静かに本質を見つめること。
②野生の獣の鋭い勘のこと。
③動物の目が閉じているさま。
④じっと機会を狙っていること。

答え→159ページ

④ 子曰わく、「人にして仁ならずんば、礼を如何せん。人にして仁ならずんば、楽を如何せん」と。
(八佾篇)

子曰、人而不仁、如礼何。人而不仁、如楽何。

(→163ページ)

［口語訳］先生がおっしゃいました、「人として生まれて仁を身に付けていなければ、礼について問題にすることはできない。人として生まれて仁を身に付けていなければ、楽について問題にすることはできない」と。

［語句］①不仁：仁ではない。②礼：礼儀。③楽：音楽を演奏すること。

【解説】孔子先生が見ているのは虚無の世界なのだろうか。人に「仁」がなければ、何を学ぼうとそれが何になるというのだという。確かに、たくさん勉強を重ねてきたはずなのに、少しも人を思いやる心がない者もいる。ひょっとしたら、もともとないのかもしれない。もしそうであるならば、何のための勉強であったのか、そして何のための学問なのか、空しくなってしまう。勉強や学問は、人を幸せに、そして社会を豊かにするものであるはずだからだ。でも、自分勝手な教養人やエセ(「似非」＝似て非なるもの)研究者と出会うと、孔子先生でなくとも、人としての基本である「仁」の大切さを思い知らされる。そんなふうに考えるならば、すぐさま孔子先生からは、「知者は惑わず、仁者は憂えず、勇者は懼れず」(口語訳は省略)(子罕篇)という章句を向けられるだろう。(江藤)

Confucius said, "It would be impossible for a person who lacks benevolence to talk about manners. It would be impossible for a person who doesn't know manners to learn how to sing and dance at rituals."

［構文・文法］It would be impossible to …：…することは不可能であろう。

［語句］①manners：行儀作法。②sing and dance：歌を歌いながら舞を舞う。③ritual：儀式。

■四字熟語の基礎知識チェック⑭

次の空欄に適当な漢字を補い四字熟語を完成させよ。また、その意味として最も適当なものを選べ。

鶏口□後　（史記）

①鶏のような鳥のくちばしのすばしこさは動物の動きに勝るということ。

②大きな団体の後方に就くよりちいさな集団の先頭に立つほうがいいということ。

③動物の後ろでは賢い鳥が食べ残したものから価値あるものを探すことができる。

④鶏のように早く理解することでその後に多くの賛同者が続くようになる。

答え→159ページ

⑤ 子曰わく、「位無きことを患えず、立つ所以を患う。己を知るもの莫きを患えず、知らるべきことを為すを求む」と。(里仁篇)

子曰、不患無位、患所以立。不患莫己知、求為可知也。

(→163ページ)

[口語訳] 先生がおっしゃいました、「立派な地位がないことを気に病んではいけない。立てるべき地位の内実を持っているかどうかを心配すべきだ。人が自分のことを認めてくれないことを気に病んではいけない。認められるべき内実を持とうとしなさい」と。

[語句] ①位：地位。②所以立：その地位にある理由。③莫己知：他人が自分の価値を知ってくれないこと。

【解説】孔子先生は愚痴るなという。誰にでも不満はある。しかし、それを愚痴っていても何にもならない。そんな暇があるなら、自分の為すべきことをおやりなさい、と。自分に地位や機会がないことや、自分の力量を誰も理解していないことを、いくら嘆いても何も始まらない。愚痴り、嘆いて、それで終わりなのだ。でも「知らるべき」こと、つまり自分のことが人々に知られるようなことをやりなさいと言う。もちろんそれは自分の名声を求めなさいということではない。同じ里仁篇で「子曰わく、朝に道を聞かば、夕に死すとも可なり」とあるような、人が人として生きることの意味への問いに答えるということである。「知らるべきこと」は、あくまでも自分自身の問題なのである。「夕に死すとも可」と言い切った時、なんと地位や評価などがちっぽけなものに見えてくるだろう。(江藤)

Confucius said, "You should not worry about your position being low rather, you should worry about whether or not you are competent enough. You should not be irritated even if others do not appreciate you. Rather, you have to make an effort in order to have them accept you."

[構文・文法] rather：そうではなく、むしろ。
[語句] ①your position being low：自分の地位が低いことを。②competent enough：十分な能力がある。③be irritated：いらいらする。④appreciate：高く評価する。

◆『論語』と映画
　2011年にチョウ・ユンファ主演の中国映画『孔子の教え』（フー・メイ監督　2009年制作　原題『孔子』）が日本公開された。思想家孔子の半生を描く歴史スペクタクル作品であり、重厚な人間ドラマでもある。チョウ・ユンファの、重過ぎずまた軽過ぎない演技が、人間としての孔子像を楽しませてくれる。それに、国語や漢文や教科書などで親しんでいる孔子の言葉（『論語』）が、ひとつの力として映像化されているのが面白い。また、これをダイジェストとして、壮大な中国の文化と歴史を学ぶ第一歩に、この映画を活用するのもいいと思う。（江藤）

⑥ 子曰わく、「君子は諸を己に求む。小人は諸を人に求む」と。(衛霊公篇)

子曰、君子求諸己。小人求諸人。　　　　　　(→163ページ)

[口語訳] 先生がおっしゃいました、「立派な大人は、物事の良し悪しの責任を自分に帰する。つまらない人間は、それを他人のせいにする」と。

[語句] ①求諸己：自分の責任に帰する。②求諸人：他人の責任に帰する。

【解説】孔子先生が、ここでも「君子」と「小人」とに分けて、責任感について述べていた。日常の中でよくある場面だけれども、何事も人のせいにするのは「小人」だという。「子夏曰わく、小人の過つや、必ず文る」(子夏が言った。つまらない人間が過ちを犯すと、必ずうわべをかざる)(子張篇)ともいう。さらに人のせいにすれば、自分自身の能力や非も問われないし、全くの無傷のまま出来事を他人事として傍観できるのだ。これは無責任とも違う。責任があってもそれを引き受けないのが無責任である。他人のせいにするのは、全く始末が悪い。余談だが、教師などは、小理屈をこねる輩が多いので、すぐに他人のせいにする。さて、実際には、どこの誰に責任があるのか、事はそう単純ではないだろう。それでも、すべて自分の責任として引き受けるのが「君子」だという。「君子は争う所なし」(口語訳は省略)(八佾篇)なのである。また、責任を引き受けるということは、責任があるということではない。その次に向かって考え、行動するということでもあるのだ。(江藤)

Confucius said, "A gentleman takes responsibility in every case and reflects on himself, but a virtueless man tends to put the blame and shift responsibility onto others."

［構文・文法］take responsibility：takeを使うことに注意する。
［語句］①in every case：あらゆる場合に。②reflect on oneself：回想する。内省する。③shift：転嫁する。

◆孔子と老子
　孔子の生きた春秋時代と、それに続く戦国時代は、中国古代の大きな混乱期だった。混乱期を生き抜くためには、さまざまな知恵が必要になる。春秋戦国時代には、のちに諸子百家（しょしひゃっか）と呼ばれるたくさんの思想家が生まれた。その中で、儒家は孔子を、道家は老子を、その思想グループの開祖とする。孔子と儒家が、現実社会の中で生きていくための秩序を重視し、そのために忠や孝といった徳を人間の最も重要な目標としたのに対して、老子を代表とする道家は、無為自然（むいしぜん）を尊んだ。老子といえば牛に乗って杖を持った長いひげのお爺さん、というのが一般的な印象。
（牧角）

⑦　子曰わく、「人　能く道を弘む。道の人を弘むるに非ず」と。(衛霊公篇)

子曰、人能弘道。非道弘人。　　　　　　(→163ページ)

［口語訳］先生がおっしゃいました、「人間こそが道を広めるのだ。道が人を広めるのではない」と。

［語句］弘道：人として踏むべき道を広げる。

【解説】孔子先生の人間主義がよく表れている言葉だ。まず人ありき、なのである。つまり、すばらしい思想があっても、それを学んだ人が実践しなくては何の意味もないというのだ。これは、人が思想を活かすのであって、思想が人を生かすのではないということでもある。つまり、学んだ人が立派な人であったからこそ、その学んだことが社会のために活かされるのだ。単に学んだからといって、その学んだ人が立派になるわけではない。まずは、自分が立派であろうと努力しながら、多くの学問思想を学び手に入れなければならないのだ。たとえ環境が整った学校で勉強しても、取るに足りない人がいる。人の道から外れる人さえいる。しかし、「人の生くるは直し」(人に真っ正直でありなさい)(雍也篇)と孔子先生は考えているのだ。だからこそ、「正直な人間が道を広める」のであり、その「人間」が根本が間違っているからこそ、道から外れるのである。(江藤)

Confucius said, "People can broaden the way of morality, but the way of morality can never make people greater or stronger on its own."

[語句] ①broaden：広げる。②on one's own：単独で。

◆落語に登場する『論語』

「厩火事(うまやかじ)」という落語がある。『論語』に、「厩(うまや)焚けたり。子、朝より退きて曰く、人を傷(そこな)えるかと。馬を問わず」（→56ページ）を用いた話である。髪結いのおかみさんが、仲人に旦那と別れたいと訴えた。おかみさんによると、彼女の髪結いの稼ぎをあてにして、仕事をしない旦那が、お金目当てで自分と一緒にいるのではないかと不安だとのこと。つまりは、自分への愛情の有無を確かめたいのだ。そこで仲人は、昔の中国の孔子という偉いひとの話として、この「厩火事」を話す。孔子様が偉いのは、自分の馬のことなど聞かないで、家来の安否を聞いたということだ、とまでいう。さてそこで、この仲人はおかみさんに知恵を授ける。まずは、麴町(こうじ)のさるお屋敷での出来事である。瀬戸物を持って階段を落ちた奥さんに、瀬戸物は無事かとご主人が聞いて、奥さんの体のことを心配しなかった。それで離婚となったというのだ。だから、おかみさんは旦那の大事にしている瀬戸物を割って、旦那がどんな態度をとるのかを見れば、彼の愛情の有無がわかるのではないかという。さて、『論語』を使ったこの落語も、もちろんオチがなければ落語ではない。おかみさん、さっそく旦那が大事にしている瀬戸物を割ってみた。旦那は、おかみさんに大丈夫かいとその体をいたわったのだ。で、その理由はといえば、そこがオチとなる。おかみさんが喜んだのも束の間、お前が怪我をすれば、こうして昼間から酒を飲めなくなるではないかと。登場人物からもそれと知れるだろうが、この作は江戸時代からの落語の演目（古典落語）として知られている。（江藤）

⑧ 冉求曰わく、「子の道を説ばざるに非ず。力足らざるなり」と。子曰わく、「力足らざる者は、中道にして廃む。今女は画れり」と。(雍也篇)

冉求曰、非不説子之道。力不足也。子曰、力不足者、中道而廃。今女画。 (→162ページ)

［口語訳］弟子の冉求が言いました、「私は先生の説かれる道について、それを素晴らしいと思わない訳ではないのです。ただ自分は力が足りないので及ばないと思うのです」と。先生がおっしゃいました、「力が足りない者は道の半ばで止めてしまうものだ。いま、君は自分自身の力を見限ったのだ」と。

［語句］①中道而廃：道の途中で止めてしまう。②画：自分の力を見限る。

【解説】孔子先生は励ましの言葉を弟子に向けているだけではない。人が陥りがちな自分で自分の限界を決めるようなことをやるなと言っているのだ。Do not place limits on yourself. もうここまでだと思ったなら、本当にそこまででしかない。勉強でも、スポーツでも、同じだ。もうここまでにしようという誘惑は大きい。その先に行くことは、とても辛くて、さらに大きな努力も、そして犠牲も必要なのではないかと思う。そうであっても、もう少し先まで行こうと思う者だけが、その先を知ることになる。孔子先生は弟子を静かに応援する。自分で自分を見限ることはないぞ、もっと先へ行け、お前なら行くことができる、と。(江藤)

Ran Qiu said, "I'm very happy studying under you, but I'm not competent to understand your teachings." Confucius replied, "An incompetent person would give up easily, but in your case, you're just imposing limitations on yourself."

[語句] ①under you：あなたのもとで。②competent：賢い。頭がいい。③incompetent：力が足りない。④impose … on～：～に…を押し付ける。⑤limitation：限界。

■四字熟語の基礎知識チェック⑮
次の空欄に適当な漢字を補い四字熟語を完成させよ。また、その意味として最も適当なものを選べ。

臥薪嘗□　（史記）
①目的を達成するために努力を重ねること。
②我慢を重ねることで高い評価を得ること。
③自分の力量を知ることで効率よく生きていくこと。
④利口ぶることで陰から皆に笑われること。

答え→159ページ

⑨　子曰わく、「人の生くるや直たれ。之れ罔くして生くるは、幸いにして免るるのみ」と。（雍也篇）

子曰、人之生也直。罔之生也、幸而免。　　（→162ページ）

[口語訳] 先生がおっしゃいました、「人としてこの世に生まれた以上は、真っ正直でありなさい。そうでなく生きるのは、運よく災いから逃れただけの価値のない人生だ」と。

[語句] ①直：正直である。②罔：ない。存在しない。③免：災いを免れる。

【解説】孔子先生は「正直」に生きろと言っていた。この「正直」とは、嘘や不正がない人生ということであろうか。真っ正直な生き方を最も強く繰り返している。「正直」でなければ、生きているとしても、それは単に災いを免れているだけなのだとまでいうのだ。それくらい、人は正しく生きていかなければならないのだ。ハードボイルド作家のレイモンド・チャンドラー（1888〜1959）は、「タフじゃなくては、生きていけない。やさしくなくては、生きていく資格がない」(If I wasn't hard, I wouldn't be alive. If I couldn't ever be gentle, I wouldn't deserve to be alive.) という台詞を作中の探偵フィリップ・マーロウに与えた。私はここに孔子先生の言葉をさらに加えたいと思う。「正しくなくては、生きていく価値がない」、と。（江藤）

Confucius said, "You must be honest at any cost. This will allow you to live well in this world. If you want to live well in this world, you must be honest. You have been lucky enough not to have troubles."

［語句］①at any cost：何が何でも。②allow 人 to …：人が…できるようになる。③lucky：幸運な。④not to have troubles：困難に遭わない。

■四字熟語の基礎知識チェック⑯
次の空欄に適当な漢字を補い四字熟語を完成させよ。また、その意味として最も適当なものを選べ。
　遠交近□　（史記）
　①遠い敵を近隣まで呼び寄せて有利に戦う戦略。
　②遠い敵も近い敵も同じ戦術で戦う戦略。
　③遠い敵と交戦することで近隣と利害を一致させて団結する戦略。
　④遠い敵と同盟を結んで背後から近いところを攻める戦略。

答え→159ページ

⑩ 子貢問いて曰わく、「一言にして以て終身之を行うべき者有るか」と。子曰わく、「其れ恕か。己の欲せざる所は、人に施すこと勿かれ」と。

（衛霊公篇）

子貢問曰、有一言而可以終身行之者乎。子曰、其恕乎。己所不欲、勿施於人。　　　　　　　　　　（→162ページ）

［口語訳］弟子の子貢が尋ねました、「一生涯行うべきことを一言で言うことができますか」と。先生はおっしゃいました、「それは恕ではないだろうか。自分がしてほしくないことを、他人にしない、ということだ」と。

［語句］①一言：ひとこと。②恕：思いやり。

【解説】弟子の子貢の質問によって孔子先生の思想のいわば極致がここで語られている。それはあまりにも有名な「恕」という語で示された。これは、他人を思いやるということであり、『論語』で繰り返される、私たちの人間関係の基本にある原理ともされるものなのだ。他人の心の中は解らない。だからこそ、他人からしてほしくないことは、他人にはしない。他人への思いやりも、自分自身を根拠にするしかないのだ。だからこそ、己は正しくなければならない。そして、この絶対的な自他の断絶という孤独感もまた、「恕」の前提なのだと私は読みたい。厳しい自己修養があってこその「一言」なのである。（江藤）

Zi Gong asked, "Is there any good word that we can rely on for our whole life?" Confucius replied, "It would be 'compassion', which means that you should not do to others what you don't want others to do to you."

［構文・文法］what you don't want others to do to you：関係代名詞 what に注意する。あなたが他人にしてほしくないこと。
［語句］①for our whole life：一生涯。②compassion：思いやり。哀れみ。

■四字熟語の基礎知識チェック⑰
　次の空欄に適当な漢字を補い四字熟語を完成させよ。また、その意味として最も適当なものを選べ。
　一字□金　（戦国策）
　　①非常にすぐれている文字や文章のこと。
　　②非常にめずらしい書物のこと。
　　③非常に高価な昔の書籍のこと。
　　④非常に利益を生むアイディアのこと。
　　　　　　　　　　　　　　　　　　　答え→159ページ

⑪　子曰わく、「君子は坦かに蕩蕩たり。小人は長なえに戚戚たり」と。(述而篇)

子曰、君子坦蕩蕩。小人長戚戚。　　　　　　（→162ページ）

　[口語訳] 先生がおっしゃいました、「立派な大人は心安くゆったりとしているが、小人はいつでもこせこせしている」と。
　[語句] ①坦蕩蕩：心が平静でゆったりしている。②長戚戚：永久にあくせくする。

【解説】これもまた、孔子先生が「君子」と「小人」とを比較して、人として大切なことを示唆するスタイルの文である。「君子」の心穏やかなさまと比べて、「小人」がいつも他人と競争しているために「戚戚」としているさまがここでは述べられているのだ。他人を意識してしまう「小人」は、いつもつまらない競争に明け暮れているのかもしれない。先生はこう繰り返していた。他人は他人、自分は自分、それぞれが正しいと思う道を歩めばいいのだ、と。もちろん、そうした君子も人間である。子路が「君子も亦た窮すること有るか」と孔子先生に尋ねたら、「君子固より窮す。小人窮すれば斯に濫る」（衛霊公篇）と答えたという。そこでも「君子」と「小人」とを比較して、「坦かに蕩蕩たり」という「君子」の様を示していた。(江藤)

Confucius said, "A gentleman is always calm and peaceful, but a virtueless are restless and timid."

［語句］restless：落ち着きのない。そわそわした。

■四字熟語の基礎知識チェック⑱
　次の空欄に適当な漢字を補い四字熟語を完成させよ。また、その意味として最も適当なものを選べ。
　□暴自棄　（孟子）
　　①信念の為に自分の死も厭わないこと。
　　②自分の力を信じて大きなことを成し遂げること。
　　③自分自身をコントロールできなくて危ない目に会うこと。
　　④自分の意に副わなくて投げやりになること。

答え→159ページ

IV 生き方

⑫ 子曰わく、「歳 寒くして、然る後に松柏の後れて彫むを知る」と。(子罕篇)

子曰、歳寒、然後知松柏之後彫也。　　　　　　(→162ページ)

[口語訳] 先生がおっしゃいました、「寒い季節になって初めて松や柏などの樹木がなかなか枯れないことがわかるものだ」と。
[語句] ①歳寒：気候が寒くなる。②松柏：松と柏（このてがしわ）。どちらも常緑樹。③彫：枯れる。

【解説】季節の推移の中で、冬になっても松柏の常緑樹が枯れないでいることに気がついた。そんな松や柏などが緑色を浮かび上がらせた情景の中で、孔子先生は、人知ではなかなか知ることができない、崇高な志のさまを重ねたのかもしれない。志は、人にそれと伝え知らせるものではない。変転する大きな時代の動きの中で、自ずと姿を現すものなのだ。確かにそれは逆境の中でこそ真価が問われるものだと言い換えてもよい。そこにはもはや言葉であれこれと説明する必要すらないのだろう。この松柏の情景を先生が語られたこととして残っているのは、そのような理由からではないかと思う。もちろん、これを出典とする「歳寒の松柏」や、ここから派生した「松柏の操」を知らないわけではない。孔子先生の人生と山東省の風景を重ねて見たくなったのだ。(江藤)

Confucius said, "Only when the weather becomes colder, and grasses and plants start to die, do we realize that evergreen trees never wither.

［構文・文法］Only when the weather …, do we realize 〜：…して初めて〜する。倒置用法。
［語句］①die：枯れる。②evergreen trees：常緑樹。③wither：しぼむ。しおれる。

◆昔和初期小学生の『論語』

昔の子どもは、『論語』をどのように読んだのだろうか。江戸時代は漢学塾や寺子屋などで『論語』を勉強した子ども達がいた。明治時代に入ると近代的な教育制度が徐々に整って、中学生くらいからは『論語』の一部が教科書に載るようになった。さて、昭和初期の小学生には、当時の大ブームとなった菊池寛による『小学生全集』(1927〜29　文芸春秋社) 88冊があり、その『小学生全集　64集』(1929年7月発行) は、「小学百科辞典」である。そこには「孔子」の項目はなく、「論語」の項目はあった。しかし、「三国志」の項目も「史記」の項目もない。「論語」の項目では「支那の孔子といふ大聖人が生きてゐる時に、いろミな人々や弟子達に話したことや行を、その弟子達が書きとめてあつたものを、孔子が死んでから後に弟子達が集めて、一冊の本にしたものである」と説明してあった。明治期の教育制度が整った後、小学生の『論語』についての認識はほとんどなくなってしまったのである。(江藤)

⑬ 子曰わく、「君子にして不仁なる者有らんか。未だ小人にして仁なる者有らざるなり」と。(憲問篇)

子曰、君子而不仁者有矣夫。未有小人而仁者也。

(→162ページ)

[口語訳] 先生がおっしゃいました、「立派な大人で仁ではない者がいるが、しかし小人で仁なるものが居たためしがない」と。

[語句] ①有矣夫：あるいはあるかもしれない、の意。②未有～也：決して～したためしがない。

【解説】孔子先生は中途半端が嫌いなのだろう。ここもまた「君子」と「小人」とを比較している。彼らに「仁」の有無を問うのだ。「小人」はいうまでもなく、「仁」を持つ者はいない。これは全否定である。それに対して、「君子」であっても「不仁」の場合があるかもしれないという。このことは重要で、たとえ「君子」として自他ともに認められるような人物であっても、不断の努力がなければ、ふと油断して「不仁」を働く可能性があるといっているのだ。もちろん、教師や聖職者が「仁者」であるとは限らない。そうだとしても、「仁者」であらねばならぬ職業であることには違いない。しかし、そうした「仁者」であろうとする不断の努力が緩んだ時に、時にメディアを騒がせる不祥事が起きるのかもしれない。ここで、人間だから仕方がないなどというつもりは毛頭ない。不断の努力をしない者は、「仁者」であるべき職に就くべきではないということなのだろう。まして「小人」は、その資格そのものがないということである。(江藤)

onfucius said, "Not all virtuous men are benevolent, but I've never seen a virtuless man who is benevolent."

［構文・文法］not all：allが否定されると部分否定となる。必ずしも〜でない。
［語句］benevolent：仁の。仁のある。

◆アニメーションのなかの『論語』章句
　押井守監督の『イノセンス』(INNOCENCE)は、1995年の同監督による『GHOST IN THE SHELL』の続編として2004年に公開されたアニメーション映画である。この、公安九課による犯罪取り締まりを描く近未来警察アニメーション作品では、生と死や善と悪に関する古今東西の哲学者や思想家の言葉や金言名句が引用されていた。その中には、『論語』からの「寝ぬるに尸せず。居るに容づくらず。」(郷党篇)や「未だ生を知らず、焉んぞ死を知らん。」(先進篇)、「理非無きときは鼓を鳴らし攻めて可なり」(先進篇)、「吾が徒に非ざるなり。小子、鼓を鳴らしてこれを攻めて可なり」などの章句を登場人物たちが口にするのである。しかも、マックス・ウェーバー(1864〜1920)の言葉から、「シーザーを理解するためにシーザーである必要はない」を引用し、なんと〈偉人たちとの水準〉と物語内の〈登場人物たちの現実〉とを分けることも忘れてはいない。さらには、「ロバが旅に出たところで馬になって帰ってくるわけではない」と痛烈な一言も口にしている。さてこのロバの諺、『論語』を前にした私たちはどう考えたものか。このままロバでいいと旅するのと、馬になりたいと旅するのとでは、大きく異なるのではないかと私は思うことにする。さて、孔子先生、いかがでしょうか。
(江藤)

⑭　子曰わく、「君子の道なる者三つ。我能くすること無し。仁者は憂えず。知者は惑わず。勇者は懼れず」と。子貢曰わく、「夫子自ら道うなり」と。(憲問篇)

子曰、君子道者三。我無能焉。仁者不憂。知者不惑。勇者不懼。子貢曰、夫子自道也。　　　　　　　　(→162ページ)

[口語訳] 先生がおっしゃいました、「君子たるものの道には三つあるのです。私はまだそれを十分に行い得てはいません。それは、仁なる者は憂うることはなく、知なる者は惑うことはなく、勇なる者は恐れることはない、という三つです」と。弟子の子貢が言います、「先生は自分で自分のことをおっしゃっているのだ」と。

[語句] ①無能焉：うまくやれていない、の意。②懼：恐れる。びくびくする。③自道也：自分で自分のことを言っている。

【解説】孔子先生は、「君子」に至る三つの条件として、それぞれの卓越者の態度で説明する。有名な「仁者不憂。知者不惑。勇者不懼」である。逆に言うと、憂うことなく、惑うことなく、何事も恐れない最高の人格者である「君子」には、「仁者」「知者」「勇者」という三つの卓越者の側面があるということか。凡庸な私たちは、その一つでも欲しいものだが、なんと孔子先生はどれもうまく実践できていないというのだ。もちろんそれは謙遜であり、そのようにおっしゃられるのがまた孔子先生が「君子」である（ことの）証明なのだと、弟子の子貢はさらにその条件を加えているようだ。憂うことなく、惑うことなく、恐れることなく、しかも謙虚たれ、と。これでまた一つ、私は「君子」から遠くなったと思うばかりである。(江藤)

Confucius said, "People with benevolence would never worry. People with wisdom would never become perplexed. People with courage would never fear." Then Zi Gong said, "These are the very three things you have already developed."

［語句］①wisdom：知恵。②perplexed：当惑した。まごついた。

■四字熟語の基礎知識チェック⑲

次の空欄に適当な漢字を補い四字熟語を完成させよ。また、その意味として最も適当なものを選べ。

傍若□人　（史記）

①そばにいる人が気になって集中できないこと。
②そばに人がいようがいまいが自由に振る舞うこと。
③そばに若い人がいると元気になる老人のこと。
④そばに誰もいないと心細くなってしまうこと。

答え→159ページ

⑮ 子曰わく、「由や、女に之を知るを誨えんか。之を知るを之を知ると為し、知らざるを知らずと為す。是れ知るなり」と。(為政篇)

子曰、由、誨女知之乎。知之為知之、不知為不知。是知也。
(→162ページ)

［口語訳］先生がおっしゃいました、「由（子路のこと）よ、君に知るとはどういうことかを教えてあげよう。知っていることは知っていると、知らないことは知らないとはっきり自覚するのが知るということなのだよ」と。

［語句］①誨：教える。②女：「汝」に同じ。なんじ。

【解説】孔子先生の教えは、「正直」であることから始まる。「過ちて改めざる、是れを過ちと謂う」(衛霊公篇)にもあるように、自分の過ちは、それを過ちと認めて改めることで過ちではなくなるのだ。同じく、自分が知らないことは、それを知らないと認めて改めることによって知識を手に入れることで無知ではなくなるのだ。この自覚こそが大切なのであり、あいまいな理解では生半可な知識しか手に入らないことを教えているのだ。つまり、それを知っている人に向かって、知らない人がそれを知っているかのように言う。そうなると、知っている人は、その知らない人の誤りを訂正できなくなる場合もあるだろう。結局、知らない人が知っているかのように言うと、誰からも訂正や修正、つまり教えてもらうことなく、誤った理解のままになってしまうのだ。子游の言葉に、「朋友に数すれば、斯に疎んぜらる」とあったのを思い出して欲しい。(江藤)

Confucius said to Zi Lu, "Let me tell you about what it means to really know something. You should be honest to yourself about what you know and what you don't know. To truly know something, you must accept this."

［構文・文法］what it means to know something：知っているということはどんなことか。What does it mean to know something? を間接疑問文にしたもの。

［語句］①honest to …：…に正直で。②truly know something：何かを本当によく知っているということ。

■四字熟語の基礎知識チェック⑳

次の空欄に適当な漢字を補い四字熟語を完成させよ。また、その意味として最も適当なものを選べ。

□学阿世　（史記）
　①学問の真理に背いて権力者や世俗に気に入られる言動をとること。
　②学問を別の角度から見ることで世の中の真実が分かること。
　③学問の純粋さを現実の世界にうまく結びつける応用力のこと。
　④現実を学ぶことで誰もが求める音楽を手に入れること。

答え→159ページ

⑯ 子曰わく、「君子は義に喩り、小人は利に喩る」と。（里仁篇）

子曰、君子喩於義、小人喩於利。　　　　　　（→161ページ）

[口語訳]先生がおっしゃいました、「立派な大人は正しいかどうかで判断する。小人は利益があるかどうかで判断する」と。

[語句]①喩る：理解する。②利：利益。

【解説】『論語』では、「君子」と「小人」とを対比する章句が多いことはすでに指摘しているが、ここで取り上げるのはこれが最後である。ここでの対比は、「君子」が「義」、つまり正しさを行動原理とし、それに対して「小人」は「利」、つまり損得を行動原理とするという。この「義」は、儒学で重要とされた五常（仁・義・礼・智・信）という徳性の一つである。それに対して、「利」は、「利に放りて行えば、怨み多し」（利益ばかり追求して行動すると、他人から怨まれることが多い）（里仁篇）とある。憲問篇に、公淑文子のことを孔子先生が公明賈にたずねたことが記されていた。孔子先生は、公淑文子が、ものも言わず、笑いもせず、贈り物も受け取らないというのは本当ですかと聞いたのである。公明賈はそれに答えて、必要なときにものを言い、可笑しいときに笑い、義にかなったときに受け取るので、そうしたことを誰も嫌がらない（…義然後取、人不厭其取也）と答えたのである。孔子先生も「其然、豈其然乎」（そうでしょう、そうでないはずがない）と答えたというのだ。徳性の一つである「義」と、それと対立的にとらえられている「利」との関係は、後世さらに検討されることになる。つまり、利益は道義のもとに許容されるのであった。こうした「義」と「利」の関係は、儒教の影響のもとで長く日本でも論じられることになった。や

がて江戸幕末期の佐藤一斎(さとういっさい)(1772〜1859)の「真の功利すなわち義理論」から明治期の三島中洲(みしまちゅうしゅう)(1831〜1919)や渋沢栄一(しぶさわえいいち)(1840〜1931)の「義利合一論」などが登場する。これらは新しい日本の近代社会のなかで、一つの経営理論として組み立てられながら、儒教の影響を受けた独自の日本資本主義に影響を与えた。(江藤)

Confucius said, "A gentleman's act is based on morality. A virtueless man's act is based on interest."

［語句］①morality：道徳。②interest：利益。

⑰　子曰わく、「君子は言に訥にして、行に敏ならんと欲す」と。(里仁篇)

子曰、君子欲訥於言、而敏於行。　　　　　　　(→161ページ)

［口語訳］先生がおっしゃいました、「立派な大人は、言葉は拙くても行動に迅速であろうとするものだ」と。
［語句］①訥：口が重いこと。②行：行動。

【解説】孔子先生は「君子」の行動力に注目する。頭でっかちの知識人と「君子」とは違うのである。口下手でも構わない、いや、「巧言令色、鮮し仁」(学而篇)であることはすでに指摘している。要は実行力であり、「敏」つまり素早く対応できるようでなくてはならないという。こうした行動力そして実行力こそが、すでに取り上げた、憂うことなく、迷うことなく、恐れることのない「仁者不憂。知者不惑。勇者不懼」(憲問篇)と結び付く「君子」の卓越した能力なのだ。(江藤)

Confucius said, "A gentleman is not eloquent but he acts quickly."

［語句］eloquent：雄弁である。口がうまい。

◆「君子」についての10の言葉
「君子は本を務む」（学而篇）→君子は根本にある原理原則を最重視する。
「君子は徳を懐い」（里仁篇）→君子は道徳を心にいだく。
「君子は義に喩り」（里仁篇）→君子は「義」かどうかが明確にわかる。
「君子は器ならず」（為政篇）→君子の働きは限定されるものではなく自由なものである。
「君子は泰にして驕らず」（子路篇）→君子はやすらかで落ち着きがあり威張らない。
「君子は能なきことを病う」（衛霊公篇）→君子は自分に才能がないことを心配する。
「君子は矜にして争わず」（衛霊公篇）→君子は誇りを持つが人とは争わない。
「君子は賢を尊びて衆を容れ、善を嘉して不能を憐む」（子張篇）→君子は才知優れた人を尊びながら普通の人も包容し、優れた人をほめながら能力のない人にも同情する。
「君子は義以て上となす」（陽貨篇）→君子は義をまず一番に置く。
「命を知らざれば、以て君子たること無きなり」（尭曰篇）→己の天命を知ることができなければ君子とは言えない。

⑱ 子曰わく、「之を知る者は、之を好む者に如かず。之を好む者は、之を楽しむ者に如かず」と。
(雍也篇)

子曰、知之者、不如好之者。好之者、不如楽之者。

(→161ページ)

[口語訳]先生がおっしゃいました、「知るという態度は好きだという態度には及ばない。そして好きだという態度も、楽しむという態度にはかなわない」と。

[語句]①知之：対象を知る。②不如：及ばない。

【解説】孔子先生の『論語』について、その知識を手に入れて勉強する者のことを「知之者」とするならば、『論語』好きで愛読している者のことを「好之者」とする。「好きこそものの上手なり」ということわざがあるように、いくら勉強しても、それが好きだという者にはとてもかなわないだろう。さらに、この『論語』を日頃楽しんでいる者がいたとしたらどうだろう。それはもう『論語』が自らの血肉のようになっているということなので、もう好きどころの話ではない。この「楽之者」は実践するものであり、最強なのだ。勉強していると、それが好きになり、さらにそれを楽しめるようになる。受験勉強を強いられている生徒たちには、そんな夢みたいな話はどこにもないと思うだろう。でも、一流の学者とはそういう人たちだと思う。もちろん、私はそんな境地などに届くはずもなく、こうして皆と一緒に『論語』を勉強していて、いまだ「知之者」の道を歩いているだけだ。「朝聞道、夕死可矣」(里仁篇)がなんと遠くで響くことか。(江藤)

Confucius said, "Knowing something is not as good as being interested in something. Being interested in something is not as good as enjoying something."

［構文・文法］A is not as good as B：AはBほどではない。AはBと比べると劣る。
［語句］knowing something：何かを知っていること。〈参考〉to know something：これから何かを知ること。

■漢文の基礎知識チェック（4）
⑧次の下線部の読みとして最も適当なものを選べ。
　疑フラクハ其ノ疾是レ蛇ノ為ス所、蓋鶴善ク蛇ヲ啄ムナラン也。
　　　　　　　　　　　　　　　　　　　　　　　　　　　　　（庚巳編）
　　①ふた　②おほふ　③なんぞ　④けだし　⑤そもそも
　　　　　　　　　　　　　　　　　　　　　　　　　　　［大東文化大学］
⑨次の下線部の読みとして最も適当なものを選べ。
　吾ノ子に告グル所以ハ、是クノ若キ而已。（史記）
　　①しかして　②　じき　③　すでに　④　しかのみ　⑤のみ
　　　　　　　　　　　　　　　　　　　　　　　　　　　　［立正大学］
⑩次の下線部と同じ字義で用いているものを一つ選べ。
　松柏ハ霜雪ヲ経ザレバ堅固ナル能ハズ。（経鉏堂雑記）
　　①政経　②経常　③写経　④経路　⑤経緯
　　　　　　　　　　　　　　　　　　　　　　　　　　［センター試験］
　　　　　　　　　　　　　　　　　　　　　　　答え→159ページ

⑲ 子は温かにして而も厲し。威ありて而も猛からず。恭しくして而も安し。(述而篇)

子温而厲。威而不猛。恭而安。　　　　　　　　（→161ページ）

　[口語訳]　先生は温かさの中にも厳しさがあり、威厳があっても猛々しくなく、物腰が柔らかでも浮わついていない。
　[語句]①温：穏やかである。②厲：厳しい。③威：威厳がある。④不猛：威張っていない。⑤恭：謙虚で慎み深い。

【解説】孔子先生はどういう人物であったのかを伝えた章句である。もちろんここには一定の解釈があり、孔子先生の生き方がそれと示されていた。君子としての先生の姿がここにまとめられていたのであろう。確かに、子を君子として読まれることもあったと聞く。しかし私はむしろ孔子先生の生き方と解釈されることで、逆に弟子たちの師への深い想いが伝わってくるのがいいと思う。これに対して、孔子像ではなく、具体的な場面での孔子先生の行動が書きとめられていたのが、『論語』の郷党篇であった。和辻哲郎（1889〜1960）はその著『孔子』で、「孔子の人となりを伝えようする郷党篇は、弟子との問答や孔子の思想などにほとんど触れることなく、ただ仁者としての孔子の面影を語ったにすぎぬ」という。たしかに、郷党篇に書かれていたのは、彼の仕事ぶりやこまごまとした日常生活の様子であり、また具体的な彼の近所づきあいであった。しかし、ここもまた弟子たちとの問答の中で示された孔子の思想や弟子たちからのまなざしを重ねて読むことで、人間孔子の新たな姿を垣間見ることができるのではないか。『論語』は、どこからでも読むことができるから、こうした本書のようなアンソロジーもまた可能になる。それは、『論語』のどこの箇所にでも再び立ち戻り、そこから読む

ことができるということでもある。そして、『論語』は、郷党篇と他の章句との関係がそうであるように、今度は私たちのまなざしを重ねて読むことで、その章句に新たな意味を垣間見ることもできるのだ。(江藤)

Confucius was moderate but strict, dignified but not proud. He was polite with modesty but not too serious. He was also gentle-mannered, and relaxed.

[語句] ①moderate：穏やかな。②serious：真面目な。③gentle-mannered：物腰が柔らかい。

■漢文の基礎知識チェック（5）

⑪次の下線部の意味として最も適当なものを選べ。

凡そ大人の道に三有り。（柳宗元）
　①成人　②君子　③帝王　④先生　⑤巨漢

[独協大学]

⑫次の下線部の意味として最も適当なものを選べ。

銀台金闕夕沈沈　独宿相思在翰林
三五夜中新月色　二千里外故人心

（白居易「八月十五夜、禁中独直、対月憶元九」）
　①すでに亡くなった知人　②故事に登場する人物　③古くからの友人　④ゆえあって左遷された人　⑤故郷にいる家族

[早稲田大学]

答え→159ページ

二松學舍で学ばれていた『論語』

町　泉寿郎

1　前近代日本における『論語』

　明治期に二松學舍においてどのように『論語』が学ばれていたかについてお話しします。その前提として、『論語』に関する歴史をごく簡単におさらいしておきましょう。孔子は2600年ほど前の人物ですが、その言行録として『論語』が編纂されたのは、前漢時代のことです。『論語』という書籍ができるのと時を同じくして、本文に対するさまざまな注釈が生まれました。宋代以降の「新注」に対して、漢～唐代に作られた注釈は「古注」と呼ばれます。

　朝鮮半島から『論語』が日本に伝来したのは、西暦285年とも5世紀はじめとも言われますが、いずれにせよ古注系統の『論語』は仏教経典とともに、日本に最も早く中国から伝わった書籍と言えます。

　6世紀末から9世紀末、遣隋使・遣唐使が派遣された時代、中国では科挙の制度が始まり、『論語』は五経（易経・書経・詩経・礼・春秋）や『孝経』等とともに儒教典籍の基本として学ばれました。日本でも大学寮という官吏養成学校において古注系統の鄭玄「論語注」と何晏『論語集解』が学ばれました。

　宋代には新しい中央集権国家ができあがり、それにともなって新しい古典解釈が生まれました。これは宋学と呼ばれ、12世紀に朱熹によって集大成されたことから、朱子学とも呼ばれます。朱熹が著した『論語集註』という注釈書は、『大学章句』『中庸章句』『孟子集註』と併せて「四書集註」と呼ばれ、後世に大きな影響を及ぼしました。これ以降、『論語』は「四書」という枠組みの中で読まれることが多くなります。

　日本では9世紀末に遣唐使が途絶えて以降、中国との交渉は僧侶が担うようになります。宋代以降の禅の興隆を受けて、宋・元から日本への渡来禅僧、また日本からの入宋・入元禅僧によって、禅とともに宋学が日本に伝えられ

ました。一方で、平安時代以来、儒学を以て朝廷に仕えた博士家では、従来からの「古注」を基礎としつつ「新注」も折衷するようになります。

　江戸時代がスタートした時点で、朱熹歿後400年を経過しており、その間に元・明代には科挙制度が整備されて、朱子学がその公認解釈と定められたために益々流行し、多くの朱子学者を輩出しました。藤原惺窩や林羅山ら江戸時代初期を代表する儒者たちは朱子学の正当な理解から出発することに努めました。

　17世紀後半、京都の町儒者伊藤仁斎は、宋代以降の学説が孔子・孟子の説と異なることに疑問を抱き、後世の注釈を廃して直接『論語』『孟子』に向き合うことを主張しました。

　伊藤仁斎に影響を受けつつもそれに異説を唱えた江戸の荻生徂徠は、秦・漢以前の古言に広く通ずることによって中国古典を研究することを唱え、宋学を鋭く批判しました。徂徠は、仁斎が朱子学を批判しつつもなお「四書学」の範囲にとどまっていたのを不十分と考え、儒学の中心は四書ではなく五経であると主張しました。

　科挙制度がなかった日本では、仁斎・徂徠が「古学」を唱えて宋学を批判して古典に帰ることを主張した影響は大きく、『論語』は次第に朱子学の「四書」の枠組を脱していきます。続いて18世紀後半〜19世紀には、朱子学や古学の長所を取捨選択した折衷学の時代を迎え、儒学はいっそう成熟していきます。

　18世紀後半以降になると、藩校等の公的組織が運営する学校の普及によって、武士階級を対象とした公的な学びが成立します。その「学び」は多くの場合、朱子学のテキストによるものでした。また、諸藩の学問奨励策は豪農・豪商階級を巻き込んで行われることも珍しくありませんでした。科挙制度が定着しなかった日本においても、幕末期には学問による立身出世の可能な環境が、整いつつあったと言えます。

2　幕末明治期の漢学と人材養成—渋沢栄一と三島中洲—

　幕末明治期に豪農階級から学問以よって立身出世した例として、渋沢栄一

と三島中洲について、紹介しましょう。渋沢栄一は、1840年に現在の埼玉県深谷市の庄屋の家に生まれました。初め従兄弟の尾高惇忠に漢文を学び、江戸に出て考証学者の海保漁村に学び、水戸学に傾倒して一時は攘夷決行を計画したことがあります。京都に出奔して、一橋家の家臣となり、次いで一橋慶喜の将軍就任により幕臣となり、徳川昭武に従ってパリ万博使節団に加わりヨーロッパに渡りました。経理や経営に非凡な才能を示し、新政府に出仕しましたが数年で退官し、第一国立銀行の設立を始めとして、日本の資本主義の発展に大きな足跡を残しました。実業のほかに、早くから社会福祉事業に熱心にとりくみ、商業学校や女子教育などの教育支援のほか、商工業者の地位向上や資本主義の是正のために「道徳経済合一説」を唱え、『論語』の啓蒙普及、湯島聖堂の再建、二松學舍への支援など、漢学の復興に尽力しました。

　三島中洲は、1831年に現在の岡山県倉敷市の庄屋の家に生まれました。初め備中松山藩の儒者で陽明学者として知られる山田方谷に入門し、次いで津藩の斎藤拙堂や江戸の昌平坂学問所に学び、27歳で備中松山藩に仕官しました。藩校の教授を振り出しに、藩の要職につき、戊辰戦争の際には備中松山城の無血開城を成功させました。維新後は旧友の推薦により司法省に出仕し、裁判所の判事を歴任しました。制度改革によって職を失ったのち、自宅に漢学塾二松學舍を開設し、二松學舍からは司法省法学校・陸軍士官学校・東京大学古典講習科等への進学者が輩出しました。漢詩文の作者として有名で、東京大学教授となって漢文を講授したり、民法の草案の修正にも参加しています。晩年は大正天皇の侍講となり、漢学を進講し漢詩を添削しました。

　渋沢や三島の例から見ても、漢学を基礎とした彼らの学識が日本の近代化に貢献しうるものであったことは間違いありませんし、漢学を媒介とした儒者たちの身分や地域を超えた交流や幅広い情報力は幕末明治初期の流動化した社会でひときわ意義をもちました。これは幕藩封建制を支える体制教学という図式だけでは捉えきれない漢学の性格を物語るものです。

　三島は1877年（明治10）10月に「私立漢学設立願」を提出し、「中学私塾」として認可されて二松学舎を開設します。続く教育令（1879年）・改正教育

令（1880年）によって多くの私学・私塾とともに二松学舎も中学校としての認可を失い各種学校となりますが、依然として公立中学校の未整備な状況が続き、一方で中学校教則大綱（1881年）によって中学校の修学内容が具体的に定められる中で、和漢文・英語・数学理科の学科を学習するための教育施設として、漢学塾・英学塾・算学塾がなお生徒を集めました。塾生たちは複数の塾に通学して中学校程度の学科を修得したのです。まだ「国語」という教科は存在しません（1886年に中学校の教科としてスタート）。「漢学」という漢文の読み書きは、中等教育課程における言語教育の意味を担っていたのです。

　三島の二松学舎開設が、こうした状況をよくとらえた上でのものであったことは、彼が草した「漢学大意」（1879年『二松学舎則』）からも看取できます。三島は漢学の目的を「一世ニ有用ノ士トナル」（世の中の役に立つ人間になる）ことと言いました。そして塾生たちに対して、道徳を基本とし、また歴史によって臨機応変の才能を伸ばしつつ、漢文の読み書きトレーニングを課しました。三島には「段解」と名付けた著作があり、日常の講義でも大段落・小段落など段落を分け、文章全体の趣意と文章の構成を分析的に解説することを重んじました。彼の漢学教育が言語教育を主とし思想教育を従とするものであったことを示すものです。三島は中等教育における国語の一翼としての漢文の範疇を十分に理解しつつ、洋学が諸分野において漢学より優れている以上、「一世ニ有用ノ士」となるには洋書の兼学が必須であるから、漢学の課を簡易にしたと明言しています。三島にとって「漢学」が洋学と対立するものでなかったことが分かります。

　一方、明治天皇の側近で漢学者の元田永孚らが主張した徳育重視の風潮が強まり、初等・中等教育の教科では1881年（明治14年）からは小学校・中学校において「修身」が筆頭教科となります。1890年（明治23年）には「教育勅語」が発布され、国民道徳の基礎に儒教倫理が据えられます。漢文教科は国語教育と倫理教育の両方にまたがるものとして近代教育の中に位置付けられていきます。

　日露戦争後には、内務省が中心となって国民意識の向上をはかる運動が開

始されます。1908年に公布された「戊申詔書」は、教育現場において「教育勅語」と並んで修身科の教材として使用され、国民道徳の淵源としての「教育勅語」に対して、国際情勢・国内情勢をふまえたより現実的な道徳律として「戊申詔書」が教育されました。

渋沢と三島は旧知の仲ですが、特別に親しい関係ではありません。その彼らが、明治末期から急速に接近します。1909年（明治42年）、70歳を機に実業の一線から退いた渋沢は、「道徳経済合一説」、或いはこれを端的に表現した「論語と算盤」という考えの普及に邁進します。三島中洲もかなり以前、1886年に東京学士会院において「義利合一論」という講演を行ったことがありました。宋学以来、義理の説が盛行して義と利が峻別されるようになってしまった。しかし本来の儒教では義と利が不離の関係にあることを明らかにして、利が被った冤罪をすすぐというのです。

三島は「人間ノ義利ハ、即チ天上ノ理気ナリ」と言い、利は人間の根源的な志向であり、否定すべきものではなくむしろ「自愛心を人に推及し利欲を公共にすれば」、自然界において気から「元亨利貞」が生ずる如く、人間界においては利から仁義が生ずることになる、と説きます。そして義と利の関係を説明した古典として『易経』を挙げ、文言伝の「利者義之和也」を引いて、「利ハ義ノ結果」であり、「利ヲ得サルノ義ハ真義ニ非ス、又義ニ由ラサルノ利ハ真利ニ非」ずと言っています。「義者利之道表（しるし）、利者義之帰宿」と言い、義は利の目標ではなく指標であり、義を指標として利を求めるのであると説いています。

前述の「戊申詔書」は国民に経済発展と道徳涵養の両側面を求めるものでした。渋沢の「道徳経済合一説」がこれとよく照応する考えであったことは見逃せません。渋沢にとって「義利（道徳と経済）」の問題は常に「官尊民卑の打破」とともに立ち現れてくるテーマであり、「富貴貨殖と仁義道徳とは相容れないものであるとの誤つた思想を蔓延させた弊」（『青淵百話』「二二　論語と算盤」）を改める必要があると主張しました。三島もまた、自分の「義利合一論」が、「戊申詔書」の趣旨と合致することが念頭をよぎったに違いありません。三島と渋沢の晩年の親交の背景には、「戊申詔書」があった

ということができると思います。

3　三島中洲の「義利合一論」と『論語』

　三島の「義利合一論」は彼の『論語』に関する解釈とも密接に関わっています。『論語』には「利」について言及した次のような章があります。本文と併せて、適宜、朱熹・清原宣賢(きよはらのぶかた)・林羅山・伊藤仁斎・荻生徂徠の各注を掲出してみましょう。

○「子曰、君子喩於義、小人喩於利（君子は義に喩(さと)り、小人は利に喩る）」（里仁篇）。

【朱熹―論語集注】喩はなほ暁のごとし。義は天理の宜しき所、利は人情の欲する所なり。（倉石武四郎訳―君子は義　義とは自然の道理にかなったこと　にさとく、小人は利　利とは人情として好ましいこと　にさといものです。）

【林羅山―論語諺解】無所為（為にする所無くして、※宋・張南軒のことば）トハ、タトヘハ子ハ父母ニヨク孝アリ、臣ハヨク君ニ忠アルカ、臣子ノ職ナリトハカリ知リテ、ニココロナクヨクスルヲ云。如此ナレハ君モ臣下ヲメグミ、父母子ヲ愛スヘシ。有所為トハ、子ノ親ノアトヲ取ラント心底ニサシハサミテ強ヒテ親ニツカヘ、臣ハ俸禄ヲ受ンカタメニト思ヒテミヤツカヘスルヲ云ナリ。此二ツノモノ義ト利トノ分ナリ。人ノ念慮ニキサストコロハ一毛ホトノアヤマリナレトモ、事ニ発スル時ハ千里ノアヤマチトナリ、君子ト小人トノ差別トナルナリ。

【荻生徂徠―論語徴】けだし民は生を営むを以て心と為す者なり。其れ孰か利を欲せざらんや。君子は天職を奉ずる者なり。其の財を理し、民をして其の生を安んぜしむ。（中略）故に義は士君子の務むる所、利は民の務むる所なり。故に人に喩すの道は君子に於いては則ち義を以てし、小人に於いては利を以てす。

【三島中洲―論語講義】君子と小人とは其の心術同じからず。君子は平生常に善を為すことに志し、小人は己の私利を為さんことを志す。故に同一の事を見、同一の言を聞くも、其の心に感発する所は常に相反し、君子は義の方に喩り、小人は利の方に喩る。按ずるに、義は利中宜き所の条理なり、故に

義と利とは畢竟合一の者なれども、小人は浅慮にして、徒らに私利に喩りて利中の義に喩らず。蓋し君子小人の別は良知を致すと致さざるとに在るのみ。

○「子罕言利与命与仁（子罕に利と命と仁とを言ふ）」（子罕篇）。
【朱熹―論語集注】罕は少なり。程子曰く、利を計れば則ち義を害す。命の理は微にして、仁の道大なり。皆夫子罕に言う所なり、と。（倉石武四郎訳―先生は利と命と仁とのことはめったに言われなかった。利のことを考えると義理のさまたげになるし、天命の道理は微妙であり、仁の道は大きいから、どれもめったにいわれないのである。）
【清原宣賢―論語聴塵】此利ハ元亨利貞ノ利テ御座アルソ。利ハ義ノ和ハ易ノ文言ノ詞ソ。義ハ宜也、ヨロシイ心ソ。和ハヤハラクチヤ程ニ、物ヲソコナハヌソ。世上ニアル利ハ此レヲ利スレハ彼ヲ損ズルソ、其レハ義ノ和テハナイゾ。天道ノ利ト云ハ万物ガ宜キニシタガウテソレヽヽノ宜シイ処ヲ得ルソ。義ノ和ト云也。
【伊藤仁斎―論語古義】利を言へば則ち義を害す。然れども国を利し民を利するの事は、則ち言はざるべからず。
【荻生徂徠―論語徴】子罕に利を言ふにて絶句し、命と与にし仁と与にす、と。孔子利を言ふときは、則ち必ず命と俱にし、必ず仁と俱にして、其の単に利を言ふものはほとんど希なり。（中略）（義と利を峻別する宋学の説は）人の道として人に遠ざかる、豈に以て道とするに足らんや。道にして民を利せざる、豈に以て道とするに足らんや。孔子の罕に言ふ所以は、争ふところ所見の大小に在りて、聖人の利を悪むに非ざるなり。
【三島中洲講義】孟子利を言はざるなり。後世の学者皆利を以て不美の字と為す。而るに此の章、利と命と仁とを拼せて言ふを以て、故に世之を疑ふ。然れども利は義の和なり、義に全ければ利自ら至る。若し多く利を言へば則ち義を知らずして反て利を害す。命は天の令なり、己を修めて以て俟ち、然る後以て命を立つべし。若し多く命を言へば、則ち人事修まらずして反て命を害す。三者皆理の正しきことなれば、言はざるべからざれども、聖人深く憂ひ遠く慮りて其の害を恐る、故に多く言はざるなり。按ずるに、利は元亨

利貞の利なり、悪徳に非ず。然れども非義の利に陥り易し、故に罕に之を言ふのみ。

　「義利」章に見られる林羅山の見解は宋儒の解釈を受けて、心の在り方を問題にするもので、いわば動機論です。伊藤仁斎・荻生徂徠らの説は「利」を「私欲」ではない「公益」の方向で解釈し、「利」を肯定する方向に向かいます。三島の場合は、これに陽明学的な「知行合一」「致良知」を加味して、本来「義利」が合一するものであることを説明しています。

　「罕言」章の三島の講義は、直接的には宋・黄震『黄氏日抄』の説に依っていますが、黄震は朱熹『四書或問』を引用していますので、この解釈は朱熹『四書或問』に依るものといえます。しかし「利」を『易経』によって「元亨利貞の利」と解するのは清原宣賢らの古注系の解釈に依ると見られます。

　したがって、三島の経書解釈は、彼が学問を修めた江戸末期までに一般化していた古注・朱子学・陽明学・古学等を取捨した折衷学に属するものであったことがうかがえます。また三島のような伝統的な漢学者の思想が、『論語』のような古典の解釈をベースに構築されていたことも分かると思います。

コラム索引

※五十音順配列

アニメーションのなかの『論語』章句	135
「君子」についての10の言葉	143
孔子と食べ物	113
孔子と老子	121
孔子の子孫	53
孔子廟	83
『詩経』	59
下村湖人『論語物語』①序文	73
下村湖人『論語物語』②本文	76
昭和初期小学生の『論語』	133
漱石『吾輩は猫である』で使われた「忠恕」	25
テレビドラマ『相棒』と『論語』	39
中島敦『弟子』①「子路」から見た師「孔子」（一）	89
中島敦『弟子』②「子路」から見た師「孔子」（二）	93
中島敦『弟子』③「いまだ生を知らず。いずくんぞ死を知らん	96
中島敦『弟子』④子路の死	97
孟子	111
落語に登場する『論語』	123
『論語』と映画	119
『論語』と算盤	51

四字熟語・漢文の基礎知識チェック索引

四字熟語の基礎知識チェック①　……………………………………27
四字熟語の基礎知識チェック②　……………………………………29
四字熟語の基礎知識チェック③　……………………………………43
四字熟語の基礎知識チェック④　……………………………………45
四字熟語の基礎知識チェック⑤　……………………………………55
四字熟語の基礎知識チェック⑥　……………………………………57
四字熟語の基礎知識チェック⑦　……………………………………65
四字熟語の基礎知識チェック⑧　……………………………………67
四字熟語の基礎知識チェック⑨　……………………………………71
四字熟語の基礎知識チェック⑩　……………………………………75
四字熟語の基礎知識チェック⑪　……………………………………85
四字熟語の基礎知識チェック⑫　…………………………………101
四字熟語の基礎知識チェック⑬　…………………………………115
四字熟語の基礎知識チェック⑭　…………………………………117
四字熟語の基礎知識チェック⑮　…………………………………125
四字熟語の基礎知識チェック⑯　…………………………………127
四字熟語の基礎知識チェック⑰　…………………………………129
四字熟語の基礎知識チェック⑱　…………………………………131
四字熟語の基礎知識チェック⑲　…………………………………137
四字熟語の基礎知識チェック⑳　…………………………………139

漢文の基礎知識チェック（1）　……………………………………41
漢文の基礎知識チェック（2）　……………………………………69
漢文の基礎知識チェック（3）　……………………………………87
漢文の基礎知識チェック（4）　…………………………………145
漢文の基礎知識チェック（5）　…………………………………147

基礎知識チェック解答一覧

■四字熟語の基礎知識チェック
①…水 ②
②…成 ①
③…唐 ④
④…双 ①
⑤…暮 ④
⑥…呉 ①
⑦…自 ②
⑧…色 ④
⑨…面 ②
⑩…百 ④
⑪…非 ④
⑫…上 ①
⑬…虎 ④
⑭…牛 ②
⑮…胆 ①
⑯…攻 ④
⑰…千 ①
⑱…自 ④
⑲…無 ②
⑳…曲 ①

■漢文の基礎知識チェック
①…④あざな
②…③ただちに
③…④なほ水の火に勝つがごとし
④…③為政者
⑤…④それなほ龍のごときかと
⑥…③己に如かざる者を友とする無かれ。
⑦…①死馬すら且つ之を買ふ。況んや生ける者をや。
⑧…⑤そもそも
⑨…⑤のみ
⑩…④経路
⑪…②君子
⑫…③古くからの友人

也(トイヘル)。(為政篇)

⑯子曰、君子喩(リ)二於義(ニ)一、小人喩(ル)二於利(ニ)一。(里仁篇)

⑰子曰、君子欲(ストシテ)下訥(ニシテ)二於言(ニ)一、而敏(ナラント)中於行(ニ)上。(里仁篇)

⑱子曰、知(ル)レ之(ヲ)者、不レ如(カ)二好(ム)レ之(ヲ)者(ニ)一。好(ム)レ之(ヲ)者、不レ如(カ)二楽(シム)レ之(ヲ)者(ニ)一。(雍也篇)

⑲子温(カニシテ)而厲(モシ)。威(アリテ)而不レ猛(カラ)。恭(シクシテ)而安(モシ)。(述而篇)

(9)

⑧ 冉求曰、非ズルニ不レ説コバ子之道ヲ一。力不レ足ラ也ト。子曰、力不レ足ラ者ハ、中道ニシテ廃ム。今女画レリ。（雍也篇）

⑨ 子曰、人之生ルル也直クシテ、之生ク也、幸ヒニシテ而免ルルノミ。（雍也篇）

⑩ 子貢問ヒテ曰、有リ下一言ニシテ而可二以終身行レ之者上乎ト。子曰、其恕乎。己ノ所レ不レ欲、勿レ施二於人一。（衛霊公篇）

⑪ 子曰、君子坦カニ蕩蕩タリ。小人長ハニ戚戚タリ。（述而篇）

⑫ 子曰、歳寒クシテ、然ル後知二松柏之後レテ彫ムヲ一也。（子罕篇）

⑬ 子曰、君子ニシテ而不レ仁ナル者有ラン矣夫。未レ有二小人ニシテ而仁ナル者一也ト。（憲問篇）

⑭ 子曰、君子ノ道ナル者三。我無レ能クスルコト焉。仁者不レ憂。知者不レ惑。勇者不レ懼レ。子貢曰、夫子自ラ道フト也。（憲問篇）

⑮ 子曰、由ヤ、誨ヘン女ニ知ルヲ之乎。知レ之ヲ為レ知レ之ト、不レ知ルヲ為レ不レ知ト、是知ル

⑪子張問レ仁於孔子ニ。孔子曰、能ク行フコトヲ五者ヲ於天下ニ一為レ仁矣ト。請問フ之ヲ一。曰、恭・寛・信・敏・恵ナリ。恭ナレバ則チ不レ侮ラレ、寛ナレバ則チ得レ衆ヲ、信ナレバ則チ人任ジ焉、敏ナレバ則チ有レ功、恵ナレバ則チ足二以テ使レ人ヲ一。（陽貨篇）

第Ⅳ章 生き方

① 子曰ハク、過チテ而不レ改メ、是ヲ謂フ過チト矣。（衛霊公篇）

② 子曰ハク、巧言令色、鮮シ矣仁。（学而篇）

③ 子曰ハク、君子和シテ而不レ同ゼ。小人同ジテ而不レ和セ。（子路篇）

④ 子曰ハク、人ニシテ而不レ仁ナラ、如レ礼ヲ何セン。人ニシテ而不レ仁ナラ、如レ楽ヲ何セント。（八佾篇）

⑤ 子曰ハク、不レ患レ無キヲ位、患フ所二以テ立ッ一。不レ患レ莫キヲ己知ルモノ、求メ為レ可キヲ知ラル也。（里仁篇）

⑥ 子曰ハク、君子求ム二諸ヲ己一。小人求ム二諸ヲ人一。（衛霊公篇）

⑦ 子曰ハク、人能ク弘レ道ヲ。非ズトノムルニ道弘レ人。（衛霊公篇）

(7)

労。子路曰、願聞子之志。子曰、老者安之、朋友信之、少者懐之。（公冶長篇）

⑦ 子游曰、事君数、斯辱矣。朋友数、斯疏矣。（里仁篇）

⑧ 子張問行。子曰、言忠信、行篤敬、雖蛮貊之邦行矣。言不忠信、行不篤敬、雖州里行乎哉。立則見其参於前也。在輿則見其倚於衡也。夫然後行。子張書諸紳。（衛霊公篇）

⑨ 子貢曰、如有博施於民、而能済衆者、何如。可謂仁乎。子曰、何事於仁、必也聖乎。堯舜其猶病諸。夫仁者、己欲立而立人、己欲達而達人。能近取譬。可謂仁之方也已。（雍也篇）

⑩ 樊遅問仁。子曰、居処恭、執事敬、与人忠。雖之夷狄、不可棄也。（子路篇）

(子張篇)

第Ⅲ章　人間関係

① 仲弓問レ仁。子曰、出レ門如レ見二大賓一、使レ民如レ承二大祭一。己ノ所レ不レ欲、勿レ施二於人一。在レ邦無レ怨、在レ家無レ怨。仲弓曰、雍雖レ不レ敏、請フ、事二斯語一矣。（顔淵篇）

② 子貢問レ友。子曰、忠告シテ而以レ善道レ之。不可ナレバ則止ム。無二自辱一焉。（顔淵篇）

③ 子曰、放リテ於利一而行ヘバ、多シレ怨。（里仁篇）

④ 子曰、躬自ラ厚クシテ、而薄ク責二於人一、則遠カルレ怨矣。（衛霊公篇）

⑤ 子曰、其ノ身正シケレドモ、不レ令而行ハル。其ノ身不レ正シカラ、雖レ令ストモ不レ従ハ。（子路篇）

⑥ 顔淵・季路侍ス。子曰、盍ゾ各言二爾ノ志一。子路曰、願ハクハ車馬衣軽裘ヲ、与二朋友一共ニシ、敝リテレ之而無レ憾。顔淵曰、願ハクハ無レ伐レ善、無レ施レ

而知天命。六十而耳順。七十而従心所欲、不踰矩。(為政篇)

⑦曽子曰、吾日三省吾身。為人謀而不忠乎。与朋友交而不信乎。伝不習乎。(学而篇)

⑧子曰、朝聞道、夕死可矣。(里仁篇)

⑨子曰、三人行、必有我師焉。択其善者而従之、其不善者而改之。(述而篇)

⑩子曰、不患人之不己知、患不知人也。(学而篇)

⑪子曰、蓋有不知而作之者。我無是也。多聞択其善者而従之。多見而識之、知之次也。(述而篇)

⑫子絶四。毋意、毋必、毋固、毋我。(子罕篇)

⑬子夏曰、君子有三変。望之儼然。即之温也。聴其言也厲。

⑫ 曽子曰ハク、士ハ以テ弘毅ナラ不ルベカラ不。任重クシテ而道遠シ。仁以テ己ガ任ト為ス。不ニ亦重カラ乎。死シテ而後已ム。不ニ亦遠カラ乎ト。（泰伯篇）

⑬ 子曰ハク、学ビテ而不レバ思ハ則チ罔シ。思ヒテ而不レバ学バ則チ殆ウシ。（為政篇）

第Ⅱ章　孔子先生

冶長篇

① 子曰ハク、十室之邑、必ズ有ラン二忠信丘ガ如キ者一焉。不レルカニ丘之好ムニ学ヲ也ニ。（公

② 子之燕居スルヤ、申申如也。夭夭如也。（述而篇）

③ 子曰ハク、飯ラヒニ疏食ヲ一飲レミ水ヲ、曲ゲテレ肱ヲ而枕トス之。楽シミ亦在リノ二其中一ニ矣。不義ニシテ

而富且貴ハ、於テレ我ニ如シ二浮雲ノ一。（述而篇）

④ 廐焚ケタリ。子退キテレ朝ヨリ曰ハク、傷ヘルカ人ヲ乎。不レ問レ馬ヲ。（郷党篇）

⑤ 子曰ハク、我ハ非ズ二生マレナガラニシテ而知ルレ之ヲ者一也。好レミ古ヲ、敏ニシテ以テ求レメ之ヲ者也。（述而篇）

⑥ 子曰ハク、吾十有五ニシテ而志ス于学一ニ。三十ニシテ而立ツ。四十ニシテ而不レ惑ハ。五十

⑧季康子問、弟子孰カ為レスト好レムト学ヲ。子対ヘテ曰ハク、有二顔回一ナル者一。好レム学ヲ。不レ幸短命ニシテ死セリ矣。今也則チ亡シト。（先進篇）

⑨子之キテ武城ニ一、聞二絃歌之声一ヲ。夫子莞爾トシテ而笑ヒテ曰ハク、割レクニ雞焉ンゾ用二ヰン牛刀一ヲ。子游対ヘテ曰ハク、昔者偃也、聞ケリト諸夫子ニ一曰ハク、君子学ベバ道ヲ則チ愛レシニト人ヲ、小人学ベバ道ヲ則チ易レシト使也。子曰ハク、二三子、偃之言是ナリ也。前言戯レシ之耳ト。（陽貨篇）

⑩子曰ハク、由也、女聞ケルノ六言六蔽一ヲ矣乎ト。対ヘテ曰ハク、未ダシト也。居レ、吾語レゲン女ニ。好レミテ仁ヲ不レレバ好レマ学ヲ、其蔽也愚。好レミテ知ヲ不レレバ好レマ学ヲ、其蔽也蕩。好レミテ信ヲ不レレバ好レマ学ヲ、其蔽也賊。好レミテ直ヲ不レレバ好レマ学ヲ、其蔽也絞。好レミテ勇ヲ不レレバ好レマ学ヲ、其蔽也乱。好レミテ剛ヲ不レレバ好レマ学ヲ、其蔽也狂。（陽貨篇）

⑪子夏曰ハク、仕ヘテ而優ナレバ則チ学ブ。学ビテ而優ナレバ則チ仕フ。（子張篇）

乎。人不レシテ知ラ而不レラ慍。不二亦君子一ナラ乎ト。（学而篇）

●訓点付き原文（送り仮名は歴史的仮名遣いで示しました。）

第Ⅰ章　学問

① 子曰ハク、弟子入リテハ則チ孝、出デテハ則チ弟、謹ミテ而信。汎クシテ愛シ衆ヲ而親ヅキニ仁ニ、行ヒテ有ラバ余力、則チ以テ学レ文ヲ。（学而篇）

② 子曰ハク、君子不レ重カラ則チ不レ威。学ベバ則チ不レ固ナラ。主トシ忠信ヲ、無レ友トスルコト不レ如カ己者ニヲ。過テバ則チ勿レ憚ルコト改ムルニ。（学而篇）

③ 子曰ハク、君子食無レ求ムルコト飽ヲ、居無レ求ムルコト安ヲ。敏ニシテ於事ニ慎ニ於言ニ。就キテ有ニ道ニ而正焉ス。可レ謂レ好ムト学ヲ也已。（学而篇）

④ 子曰ハク、志シ於道ニ、拠リ於徳ニ、依リ於仁ニ、游ブト於芸ニ。（述而篇）

⑤ 子曰ハク、君子博ク学ビテ於文ニ、約スルニ之ヲ以テセバレ礼、亦可キカ以テ弗レ畔カ矣夫ト。（顔淵篇）

⑥ 子曰ハク、温ネテ故キヲ而知ラバレ新シキヲ、可二以為ルレ師矣バシト。（為政篇）

⑦ 子曰ハク、学ビテ而時ニ習レ之ヲ。不二亦説バシカラ一乎。有レ朋自リニ遠方一来ル。不二亦楽シカラ一

(1)

あとがき

　人が生きていく上では、考える力を持つこと、そのことが一番大切ではないでしょうか。そんな思いで、二冊目の『論語』に関する本を作ってみました。もちろん、考えるためには、知識が必要です。でも、知識がただ有ればものごとを考えることができるわけではありません。さまざまな事象に関心を向けることで知識は増えると思います。何故とどうしては、人が知識を手に入れる原動力です。でも得た知識というものはいわば材料でしかなく、それらを使って、人や社会はどうあるべきなのかを考えなければなりません。生きていくということは、そうした思索のなかでこそはじめて意味を持つからです。

　この『「論語の学校」時習編』では、一般の読者だけではなく、中学生や高校生、そして大学生を読者として想定した本でもあることを心がけました。特に若い世代に向けては、ここから考える力を手に入れて欲しいと思ったのです。そのためにこの書には、もちろん『論語』の入門書ではあるのだけれど、ひとつ『論語』に関する知識だけではなく、そこから何か人間や社会について考えるきっかけになるための解説や知識を加えてみました。さらに英語訳を付けることで、また別の角度から『論語』章句の意味を考えるきっかけを用意したつもりです。もちろん英語の勉強にもぜひ役立ててください。『論語』は、いまから2500年ほど前に孔子が考え語った人間や社会を巡る章句ですが、ここであらためて現代人である私たちもまた人間や社会について考えてみることは、とても大切なことだと思います。孔子の思考に私たちの考えを重ねてみることで、一体どんな世界が見えてくるのでしょうか。たぶん少しも変わらないもの

もあれば、すっかり変わってしまったものもあるでしょう。そして、なぜ変わったのか、なぜ変わらないのか、ここでぜひ考えてほしいのです。

　それともうひとつ、この本は、先の『生きる力がわく「論語の授業」』（朝日新聞出版　2013年11月）と同じく、二松學舍大学文学部の中国学を担当する先生がたの協力のもとに作りました。二松學舍大学は、1877（明治10）年に、三島中洲という漢学者が自宅に開設した漢学塾を出発とします。そのために、漢学に関わる研究者が在職し、関連書籍がたくさん図書館に置かれています。その一端を、この本にも反映させています。いえ、そうした教育研究の環境の中で生み出された本でもあるのです。英語教育の専門家からの英訳・注、さらに、海外の友人からも原稿を送ってもらいました。この本を手に取られた皆さんには、どのページからでも読んでいただきたいと思いますし、そのことで『論語』という古典に興味を持っていただきたいと思います。そして、繰り返しにはなりますが、ここから、人や社会について考える力を手に入れてもらえるといいなと思います。

　最後に、ご協力いただいた執筆者の方々に感謝申し上げます。

2018年2月12日　倉敷にて

江藤茂博

著者紹介

江藤茂博（えとう・しげひろ）
二松學舍大学文学部国文学科・都市文化デザイン学科教授。文学部長　博士（二松學舍大学）
専門は、文芸・映像・メディア論。主な著書に、『「時をかける少女」たち―小説から映像への変奏』（彩流社　2001）、共編著に、『大学生のための文学レッスン近代編』（三省堂　2011）、『メディア文化論』（ナカニシヤ出版　2013）、『ショッピングモールと地域』（ナカニシヤ出版　2016）、『横溝正史研究1～6』（戎光祥出版　2009～）など。

牧角悦子（まきずみ・えつこ）
二松學舍大学文学部中国文学科教授。香港協会理事。博士（京都大学）
専門は、中国古典文学、中でも『詩経』・『楚辞』・『文選』など。主な著書に、『中国古代の祭祀と文学』（創文社　2006）、『列女伝―伝説になった女性たち』（明治書院　2001）、『詩経・楚辞』（角川学芸出版　2012）など。

町泉寿郎（まち・せんじゅろう）
二松學舍大学文学部中国文学科教授。博士（二松學舍大学）
専門は、日本漢学史・日本医学史。共著に、『三島中洲の学芸とその生涯』（雄山閣出版　1999）、『五十二病方』（東方書店　2007）、『近代日中関係史人名辞典』（東京堂出版　2010）、『清原宣賢漢籍抄翻印叢刊―大学聴塵』（汲古書院　2010）、『渋沢栄一は漢学とどう関わったか』（ミネルヴァ書房　2017）など。

秋葉利治（あきば・としはる）
市川中高等学校英語科特任教諭。
専門は、英語教育。主な著書に、『英単語チェック＆トレーニング』（たちばな出版　2002）、『リスニング・リーデイング3倍速マスターブック』（ダイヤモンド社　2004）、『英単語・熟語ダイアローグ1200』『英単語・熟語ダイアローグ1800』（旺文社　2012）など。

Peng, Pamela Hsiaowen（ポン・パメラ）
東京外国語大学非常勤講師・首都大学東京非常勤講師。
専門は、言語学および英語教育。

「論語」エッセイ執筆者
　英文エッセイ…ケビィン・ドーク　ジョージタウン大学教授
　　　　　　　　　　　　　　　　　　　　　　　Ph.D（シカゴ大学）
　中文エッセイ…張佩茹　二松學舍大学文学部中国文学科・都市文化
　　デザイン学科専任講師　　　　　　　　　　　博士（東京大学）
　仏文エッセイ…マティアス・ヴィグル　二松學舍大学文学部都市文
　　化デザイン学科専任講師
　　　　　　　　　　　　Ph.D（リヨン第三大学）／博士（二松學舍大学）

『論語の学校』時習編（対訳付き）

2018年3月30日　初版第1刷発行

著　者	江藤茂博・牧角悦子・町泉寿郎・秋葉利治・Peng, Pamela Hsiaowen
発行者	中井　陽
発行所	株式会社　研文社
	〒113-0033　東京都文京区本郷1-33-3-301
	電話03（5615）8086　FAX03（5615）8087
印刷所	富士リプロ株式会社
製本所	星野製本株式会社

©2018 Shigehiro Eto,Etsuko Makisumi,Senjuro Machi,Toshiharu Akiba,
Peng, Pamela Hsiaowen
Printed in Japan　　ISBN978-4-9910094-0-2　C1010

定価はカバーに表示してあります。